1 6/61

Stefan Kalbers
Flecken

D1932750

Impressum

1. Auflage März 2012

©opyright 2012 by Autor

Umschlaggestaltung: [D] Ligo design + development
Grafiken:
www.fotolia.de | gewebemuster © LeitnerR #30434206
www.shutterstock.com | Food stains © Iwona Grodzka
www.shutterstock.com | Collection stains of coffee for grunge design © Lukiyanova Natalia/frenta
Lektorat: Christoph Strasser
Satz: Fred Uhde (www.buch-satz-illustration.de)

ISBN: 978-3-942920-10-0

Alle Rechte vorbehalten. Ein Nachdruck oder eine andere Verwertung ist nur mit schriftlicher Genehmigung des Verlags gestattet.
Hat Dir das Buch gefallen? Schreib uns Deine Meinung unter:
info@unsichtbar-verlag.de
Mehr Infos jederzeit im Web unter www.unsichtbar-verlag.de

Unsichtbar Verlag | Wellenburger Str. 1 | 86420 Diedorf

Stefan Kalbers

FLECKEN

UNSICHTBAR
VERLAG

Inhalt

Entschuldigung, hast Du kurz Zeit?

Hey, Du, ja genau Du. Na, gerade im Supermarkt wieder ne Fairtrade-Bio-Cola ohne Zucker gekauft? Wir machen hier eine Umfrage, dauert auch nicht lange, zum Thema ... ach so, Du hast keine Zeit? Na, denn eben nicht, Du ARSCHLOCH, lauf doch weiter in Deinen modischen Jeans und Turnschuhen und der Jacke, die mehr kostet als manch einer im ganzen Monat verdient und maschinell auf *used* getrimmt wurde. Stöpsel Deine Kopfhörer wieder zurück ins Ohr, tu so, als müsstest Du ganz dringend auf das Display Deines Apfel-Ichphon schauen und VERPISS DICH. Verschluck Dich bloß nicht an Deinem Kaugummi. Den Fragen entkommst Du nicht, früher oder später holen sie Dich ein. Weißt Du was? Ich SCHREIE sie Dir einfach hinterher, DU GOTTVERDAMMTES STÜCK SCHEIẞE.

Jetzt mal ganz ehrlich: Kann Dich überhaupt noch irgendwas schocken?

Hast Du sie nicht auch gefunden, die Suchmaschine, die auf Sex und Gewalt in jeglicher nur erdenklicher Form spezialisiert ist? Und zwischendrin gibt's die lustigsten Unfälle, bei denen Menschen ihre Beine verlieren, in Flammen aufgehen oder durch die Windschutzscheibe fliegen.

Haben wir sie nicht alle gesehen, die Videos im Netz, auf die man unwillkürlich stößt, wenn man nur hartnäckig genug dranbleibt? Die sonnengebräunten brasilianischen Transsexuellen, die einen auf eine Sonnenliege gefesselten Mann vollkotzen, anpissen und zuscheißen? Die Frauen, die sich von Schäferhunden besteigen lassen, Pferdeschwänze lutschen oder sich Aale einführen? Männer, die Kühe von hinten rammeln oder sich ein nach Luft schnappendes Fischmaul über den Schwanz stülpen? Langweilen Dich die üblichen SM Strap-on, Peitsch-, Fessel und Stiefelleckgeschichten auch schon so lange? Verstehst Du auch nicht, warum um, gähn, Entschuldigung, Kinderpornos noch so ein Theater gemacht wird. Die sind doch längst *out*. Die gehören zum Alltag wie die Marmelade aufs Frühstücksbrötchen.

Dann doch lieber die japanischen Jugendlichen, die auf verwackelten Bildern einen Mitschüler im Treppenhaus grün und blau prügeln, bis er am Boden liegen bleibt. Oder die total vermummten Fanatiker, die einem an einen Stuhl gefesselten Ungläubigen mit übergestülpter Kapuze unter Zuhilfenahme eines größeren Messers Schnitt für Schnitt den Kopf abtrennen. Das sieht doch fast aus wie Kunst. Zumindest ist es ein Handwerk, das man doch lieber vom Fachmann ausführen lässt. Immer gern gesehen auch die ganzen Hinrichtungen (Erhängen, Kopfschuss, von Panzer überrollen) aus Kriegsgebieten und diese Clowns, die sich selbst in die Luft sprengen. Mangelhaft oft nur die Bild- und Soundqualität. Ich meine, wenn man sich die Filmchen mit dem Beamer in HD Qualität an die heimische Leinwand projizieren möchte, um sich dabei einen runter zu holen, bleibt doch so manches auf der verpixelten Strecke. Wo kann ich da meine Rechte als Konsument eigentlich einklagen?

Jetzt mal ganz ehrlich: Kannst Du noch an irgendetwas glauben?

Dreht sich Dir nicht auch der Magen um bei dem Gesabber der katholischen und evangelischen Kirche, während Priester und Ratsvorsitzende ein gutes Vorbild für sexuell krankhaft gestörte Alkoholiker abgeben? Kommen Dir nicht auch gewisse Zweifel, wenn Du den vermeintlichen Stellvertreter Gottes auf Erden mit über achtzig Jahren vornübergebeugt lateinische Wortfetzen ins Mikrofon brabbeln hörst? Eine Religion, die sich das Kreuz, ein Folterinstrument, als Symbol ausgesucht hat und daran festhält, dass auch Jungfrauen Kinder gebären können? Oder stehst Du eher auf die bärtige Variante mit Turban und erhobenem Zeigefinger? Erwachsene Männer, die in Nachthemden herumlaufen und davon überzeugt sind, dass vierzig Jungfrauen auf sie warten, wenn sie sich selbst als Silvesterkracher definieren? Oder willst Du lieber das ewige Opfer sein und sehnst dich nach einer Klagemauer? Dann empfiehlt sich vielleicht nach Israel auszuwandern. Das ist Dir nicht sexy genug? Ein bisschen Hollywoodstyle sollte es schon sein? Keine Tiere essen und viele Kinder adoptieren? Hat Buddha nicht auch immer so süß gelächelt? Wenn Du mehr auf Science Fiction stehst, solltest Du mal Scientology ausprobieren, deren Begründer Weltraum- und Westernheftchen geschrieben hat. Alles Mainstream? Du bist mehr so der Alternativ / Undergroundtyp? Satanistenkirche, schwarze Magie, Rituale und so? Oder lieber jahrelang in der Bude hocken und »Om« vor sich hersingen? Hat Dir das »Ich bin« schon das Hirn verkalkt? Kristalle und Edelsteine vielleicht? Gespräche mit dem Schutzengel oder gechannelten Wesenheiten aus der 13. Dimension? Tarotkarten und Horoskop? Positiv denken und hey, die Bestellungen beim Universum klappen wirklich? Oder bevorzugst Du den jugendlichen, hedonistischen Ansatz und findest, das Wichtigste im Leben sei »eine gute Zeit« zu haben? Geld, Sex, Drogen? Aber Vorsicht, Falle: Glaubst Du nicht an das einzig Richtige, Wahre und Alleingültige, dann kommst Du in DIE HÖLLE! Und zum Lachen musst Du auf jeden Fall in den Keller gehen.

Jetzt mal ganz ehrlich: Hältst Du Dich nicht auch für einen aufgeklärten Zeitgenossen?

Du hast schon mal *Die Zeit*, *Konkret* oder den *Spiegel* gelesen, findest aber die *Bild* manchmal »ganz witzig«? Beim Thema knappe Ressourcen, Umweltschmutzung und dritte Welt kennst Du Dich aus? Du glaubst, Demokratie ist die einzig tragbare Staatsform und das Wichtigste ist Toleranz? Glaubst Du auch daran, dass Gewalt keine Lösung ist? Dass die Gesellschaft Tabus braucht, um funktionieren zu können? Glaubst Du an Recht und Ordnung? Lächelst Du gern über den Spruch »Die Polizei – Dein Freund und Helfer«, wählst aber sofort 110, wenn der Nachbar, der leider stärker ist als Du, mal die Musik laut aufdreht? Du findest Dich locker zurecht in Deinen 90 Fernsehkanälen, kennst die wichtigsten Lifestyletrends und versuchst Dich gesund zu ernähren? Findest auch Du, dass Wikipedia, eine echt coole Sache ist? Du machst gern mal Party bist aber ansonsten eher der gechillte Typ? Du glaubst, älter zu werden bedeutet von ganz allein auch mehr vom Leben verstanden zu haben? Du hast Dich *bewusst* für das Leben entschieden, dass Du führst? Du könntest Dir vorstellen, Organe zu spenden, willst aber keinen Organspenderausweis unterschreiben? Spielst Du auch Lotto, würdest aber selbst bei Millionengewinnen niemals Deinen Job aufgeben? Du bist Dir *ganz sicher*, dass Du gesund bleibst und alt wirst, weil es Dir Deiner Meinung nach zusteht? Glaubst nicht auch Du, wer sich nur richtig anstrengt im Leben, der wird es auch zu etwas bringen? Und Du bist stolz darauf, Deinen persönlichen elften September überlebt zu haben, nur weil Du schon alle Milchzähne verloren hast?

Jetzt mal ganz ehrlich: Du findest solche Umfragen scheiße? Deine Einstellung geht niemanden etwas an? Du hast zu vielen Themen keine Meinung? Du möchtest, dass einfach alles immer so bleibt, wie es war? Du möchtest nicht nachdenken müssen? DU WILLST EINFACH DEINE RUHE HABEN?

Alles klar, es war nett und absolut belanglos, Dich kennengelernt zu haben.

Schönen Tag noch.

Märchen

Glaubte man den Berichten der Tierschutzverbände, dann war der Bestand dieser Vogelgattung drastisch gesunken. Und tatsächlich hatte ich damals noch nie ein lebendes Exemplar gesehen. Doch eines Morgens schob ich wie üblich meinen Maltisch von der Wand weg, kletterte darauf und stand etwas unsicher auf meinen zwei Beinen, um die hinzugewonnene Welt hinter dem Fenster zu bewundern. Dass ich jetzt alleine aus dem Fenster schauen konnte, wann ich wollte, war ein aufregendes Stück Freiheit, dass ich mir selbst erobert hatte. Auf dem Garagendach gegenüber hatten sich über Nacht neue Nachbarn breitgemacht. Ein Storchenpaar war dabei, sein Nest einzurichten. Begeistert fiel ich vom Tisch. Und nach einer kurzen Ohnmacht rannte ich mit einer Beule am Kopf zu meinen Eltern, um ihnen die Neuigkeiten mitzuteilen. Am gleichen Tag erfuhr ich, dass ich einen Bruder bekommen würde.

Vier Jahre später hatte ich diesen Bruder bereits gehörig satt. Mit einer Unschuldsmiene machte er alles kaputt, was mir lieb und teuer war, ohne sich dabei jemals wirklichen Ärger einzuhandeln. Damals machte sich ein erster Verdacht in mir breit. Die Ungerechtigkeiten dieser Welt konnte ich mir nur so erklären: Meine Eltern waren gar nicht meine echten Eltern. Ich war adoptiert oder schlimmer noch, entführt worden. Und während meine wirklichen Eltern bestimmt voller Verzweiflung nach mir suchten, war ich dazu verdammt, mit einem stiefbrüderlichen Sabberkopf mein Zimmer zu teilen. Ich musste mir etwas einfallen lassen. Hier galt es, eine Lektion zu erteilen, die alle gleichermaßen vor den Latz knallte. Und spätestens nachdem ein Stockbett angeschafft wurde, war das Maß der Erträglichkeit überschritten. Die Frage, wer oben schlafen durfte, war Anlass für endlose Schlachten. Das Recht des Erstgeborenen wurde schamlos angetastet. Und meine Begründung, warum die obere Etage für mich lebenswichtig war, wurde allgemein belächelt. Dabei lag doch auf der Hand, dass die Monster unter dem Bett zuerst denjenigen fressen würden, den sie bequem von unten aus erreichen konnten. Stattdessen sollten wir uns abwechseln. So nahm ich den Ratschlag meiner Tante zu Herzen. Wenn wir ein wirkliches Anliegen haben, so sagte sie, sollten wir zu Gott beten. Gott würde uns zuhören. In seiner allmächtigen Güte verstehe er die Regungen tief in unseren Herzen, und er würde unsere Not lindern. Und tatsächlich: Das Wunder geschah. Ein paar Tage später weckte mich das laute Geschrei meiner Eltern. Der unliebsame Bruder lag leblos auf dem Boden. Offenbar war er kopfüber vom Stockbett gefallen und hatte sich das Genick gebrochen. Oder etwas haarig-schleimiges mit großen Zähnen und fiesen Krallen hatte ihn dort hinuntergeworfen. Um ehrlich zu sein, verstand ich die Aufregung nicht ganz. Hatte ich nicht lautstark vor den nächtlichen Monstern gewarnt? Doch das Volk, zu dem ich sprach, war taub gewesen, jetzt bekam es eben die Rechnung präsentiert. Nachdem Gott mich auf diese Weise ermutigt hatte, meinen eigenen Weg zu gehen, fing ich an, die gesamte Welt in Frage zu stellen. Ich machte mich auf die Suche nach dem Wunderbaren und förderte ganz erstaunliche Erkenntnisse zu Tage, die nur für eine kleine eingeweihte Minderheit zugänglich waren.

Hinter unserem Haus befand sich ein kleiner Garten, in dessen dichten Hecken ich mich oft zurückzog. Es gab schmale, begehbare Erdstreifen zwischen den Büschen, die ich mein eigen nannte. Direkt an unserem Grundstück grenzte der Holzschuppen unseres Nachbarn. Durch kleine, schmutzige Fenster sah ich den rundlichen Herr Pfefferkorn mit verschiedenem Werkzeug hantieren. Es ging das Gerücht, ein Gerät, das Herr Pfefferkorn nicht reparieren könne, müsse erst noch erfunden werden. Ich erinnere mich an den Abend eines heißen Sommertages, als ich aus dem Gebüsch heraustrat und über den Zaun kletterte. Dabei machte ich absichtlich laute Geräusche, denn das Gehör des alten Mannes war nicht mehr ganz in Schuss. Einmal hatte ich ihn dermaßen erschreckt, dass er mir eine Ohrfeige verpasste. Hinterher brachte er mich zu meinen Eltern und entschuldigte sich dafür. Dabei fand ich es seltsam, dass er sich bei meinen Eltern entschuldigte, anstatt bei mir. In der folgenden Zeit nahm ich mir dann vor, zurückzuschlagen, wenn ich nur groß genug dazu wäre. Anschließend würde ich ihn zu seiner Frau schleppen und sagen: »Frau Pfefferkorn, sie entschuldigen, aber ich habe ihrem Mann aufs Maul gehauen. Das musste einfach mal sein.« An jenem schwülen Sommerabend kletterte ich also lautstark über den Zaun und schaute zur offenen Tür des Schuppens herein.

»Hallo, kleiner Mann«, begrüßte er mich, ohne von seiner Werkbank hochzuschauen.

»Was machen Sie da?«, wollte ich wissen. »Dürfen Sie das überhaupt?«

Vielleicht hat ihm mein Tonfall nicht ganz gefallen, denn jetzt schaute er sehr wohl hoch.

»Komm mal her. Ich zeige dir was.«

Er war dabei, einen Fön zu reparieren. Der Schalter hatte drei verschiedene Rasterpunkte und sollte je nach Abstufung immer heißere Luft von sich geben. Die ersten zwei Stufen waren in Ordnung, aber bei der dritten tat sich plötzlich überhaupt nichts mehr. »Und willst du wissen, warum?«, fragte er mich. »Pass mal auf.« Er betätigte den Schalter immer wieder und plötzlich donnerte es draußen. Er forderte mich auf, es selbst einmal zu versuchen. Es dauerte ein Weilchen, ich hob den Fön wie meine Faschingspistole und schob den Schalter hin und her, aber schließlich donnerte es wieder. Herr Pfefferkorn schaute nach draußen und meinte: »Wenn du noch ein wenig weitermachst, fängt es an zu regnen.« Klar, das wollte ich dann schon genauer wissen. Ich gab den Wetterfön praktisch nicht mehr aus der Hand. Als mein rechter Daumen wund gescheuert war wechselte ich auf den linken über. Aber die Arbeit sollte sich lohnen. Das war toll! Es fing tatsächlich an zu regnen!

»Das hast du gut gemacht«, lobte mich Herr Pfefferkorn. »Mit diesem Fön kannst du es regnen lassen, wann immer du willst.«

»Kann ich den mitnehmen?«

»Nein.«

Na gut. Das war nicht so schlimm. Ich war im Besitz eines kostbaren Geheimnisses. Die Leute hatten keine Ahnung, dass unser Nachbar für das Wetter verantwortlich war. Wenn ich im Winter nicht genügend Schnee für einen Schneemann hatte, ging ich rüber zu Herrn Pfefferkorn. Meistens regelte er das für mich.

Stinke-Ingo von nebenan ließ sich auch nicht so gerne von mir erschrecken. Er war der größte Grimassenschneider aller Zeiten. Aber leider trug er den Namen Stinke-Ingo nicht ganz zu unrecht, und so war ich sein einziger Freund. Er konnte schielen wie ein Weltmeister, warnte mich aber davor, ihn nachahmen zu wollen, denn: »Wenn jemand schielt und du erschreckst ihn, dann schielt er für immer, und du bist dann schuld.«

In Gedenken meines Geheimnisses um den Wetterfön deutete ich zaghaft an, dass die Dinge nicht immer so waren wie sie schienen. Schließlich konnte ich ihn überreden, ein paar Experimente mit sich durchführen zu lassen. Wir besorgten uns zwei große Packungen Eis und ein paar Flaschen Bier. These eins lautete: »Nachdem man Eis gegessen hat, darf man nichts trinken, sonst bekommt man Bauchweh.« Stinke-Ingo schnitt mir ein paar Grimassen und löffelte nebenher locker das Eis in sich rein. Dann trank er das Bier. Wir warteten zehn Minuten. Ich schaute auf meine Uhr. Schließlich fragte ich ihn, ob er Bauchweh hätte. Er schaute mich ganz komisch an, als ob er losflennen wollte. Unverständliche Laute rutschten über seine Lippen. Gleich darauf kotzte er das Eis bei uns in den Garten. Ergebnis: Nach dem Eis essen bitte nichts trinken. Man bekommt tatsächlich Bauchweh.

These zwei: »Wenn es blitzt, darf man nicht an die Türklinke fassen, weil sonst der Blitz in das Haus einschlägt.« Diesmal war wohl oder übel ich an der Reihe. Beim nächsten Gewitter telefonierte ich also rüber. Wir wollten das live machen, schließlich konnten es meine letzten Worte sein.

»Es hat gedonnert, dann blitzt es auch gleich. Bist du noch dran?« fragte Ingo.

»Ja klar, ich habe die Türklinke fest in der Hand.«

Draußen gewitterte es brutal. Es goss in Strömen. Ich musste an Herrn Pfefferkorn denken. Soviel ich wusste, war er in Italien in Urlaub. Ob er den Fön mitgenommen hatte? Wieder krachte es draußen. Es blitzte auch ordentlich, aber nie in unserer Nähe.

»Was meinst du?« fragte Ingo.

»Keine Ahnung.«

Draußen blitzte es wieder in einiger Entfernung.

»Komm, wir brechen ab. Meine Eltern sagen, ich soll jetzt aufhören zu telefonieren.«

»Okay.«

Total erleichtert legte ich auf. Aber ich schämte mich auch ein wenig.

Forschungsergebnis Nummer zwei: Wenn ihr dieses Experiment macht, dann sorgt dafür, dass die Versuchsperson die Türklinke auch tatsächlich anfasst.

Wir wurden älter, aber wir blieben neugierig. Uns wuchsen plötzlich Haare unter den Achseln und aus der Nase. Unsere Gesichter quollen auf wie der Belag billiger Fertigpizza. Wir rochen jetzt alle irgendwie muffig. Wenn beim Kicken jemand den Ball in den Unterleib bekam, tauchten Sprüche auf wie. »Scheiße, mein Kindergeld.« Wenn einer von uns Pinkeln ging, kam er mit roten Kopf zurück und sagte: »Tor!« Eine mitgeteilte Lebensweisheit unseres Erdkundelehrers lautete damals: »3000 Schuss, dann ist Schluss.« Der alte Mann trug verwaschene Kordanzüge mit ausgebeulten Knien. Sein schütteres Haar kämmte er sich hinter den Ohren vor bis schräg über die Augen, damit seine Glatze nicht so auffiel. Es ging das Gerücht, er trinke hin und wieder ganz gern einen. Seine Tränensäcke, seine Falten, sein gebeugter Gang erzählten uns auf eindrucksvolle Weise von den Qualen eines langen Arbeitslebens. Fast hätten wir ihm geglaubt. Hier galt es sich ganz klar erneut in den Dienst der Wissenschaft zu stellen. Zuerst jedoch mussten Irritationen aufgelöst werden, da Ingo den Spruch falsch interpretierte: »3000 Mal abspritzen und du stirbst.«

»So ein Quatsch. Er meinte 3000 Mal Kommen und du bist leergespritzt.«

»Schrumpft dann der Sack weg, oder wie?«

»Woher soll ich das wissen?«

Wir führten Strichlisten, die wir täglich verglichen. Wer von uns beiden zuerst bei 3001 angekommen war, sollte den anderen mitteilen, was genau passierte. Mit etwas Glück konnte ich jeden Morgen sieben weitere Striche auf meiner Tabelle vorweisen. Ich nahm das Experiment sehr ernst und wichste praktisch den ganzen Tag. Vor dem Frühstück, in der großen Pause, nach dem Mittagessen im Garten, beim Getränke holen im Keller, beim Kieferorthopäden auf dem Gästeklo, vor dem Abendessen in meinem Zimmer und abends im Bett. Auf dem Schulhof nannte man mich nicht umsonst »König der Taschentücher.« Manchmal onanierte ich beim Kieferorthopäden auch während der Behandlung vorsichtig durch die Hosentasche. Das hing davon ab, wer mir gerade im Mund herumstocherte und wie weit sich die Schönheit zu mir hinunterbeugte. In meiner Phantasie war es nachts um halb drei. Die Praxis war vollkommen dunkel, aber draußen schien ein heller Mond. Ich fuhr mit dem Taxi vor und rauchte Zigarre. Kaum war ich eingetreten, tanzten zwölf nackte Zahnarzthelferinnen um mich herum. Zur Abwechslung hatte alle zwölf mal einen Termin bei mir. Diese Phantasie hörte allerdings schlagartig auf, als mich eines der Traumgirls in flagranti erwischte. Ich lag praktisch schon flach auf dem Stuhl.

»Sag mal, Kleiner, was machst du denn da?«

»Äh, nix.«

Sie legte mir ihren Ellbogen wie zufällig auf den Schritt, zwinkerte mir zu und fragte. »Geht da schon was? Soll ich dir mal was zeigen?« Nein, sie sollte mir nichts zeigen. Ich wollte bloß noch nach Hause. Um den entscheidenden Schritt zwischen Theorie und Praxis zu wagen reichte unsere Schuhgröße einfach noch nicht aus.

Zu allem Überfluss erzählte uns besagter Erdkundelehrer, dass seine Informationen wegen der 3000 Schuss so nicht ganz stimmen. Wir umklammerten unsere Strichlisten und lauschten gespannt. Sein Vortrag endete mit der Neuigkeit, dass onanieren auf kurz oder lang zur vollständigen Erblindung führt. Vierzehn Jungs wurden kreidebleich. Wir stellten das Experiment ein, doch wenig später bekam ich meine erste Brille. Ich brauchte Zeit zum nachdenken und sollte sie auch bekommen. In den Sommerferien schickte man mich für zwei Wochen zu den Großeltern. Aber auch dort war es nicht mehr so wie früher. Ich war sichtlich in die Höhe geschossen. Anstatt etwas Taschengeld einfach in die Hand gedrückt zu bekommen, bot man mir jetzt Gartenarbeit an. Als man mir das Geld schließlich in bar ausbezahlte, nahm mich meine Großmutter beiseite:

»Junge, du kannst immer zu uns kommen, egal mit welchem Problem, und das weißt du.«

Ich nickte.

»ABER sollte sich jemals herausstellen, dass du Haschisch spritzt oder Heroin trinkst, dann wollen wir dich hier nie wieder sehen. Ist das klar?«

Meine Grosseltern waren mir lieb und teuer, ich wollte sie nicht enttäuschen. Außerdem hing mir die Drohung in den Knochen. Und so gestehe ich reinen Gewissens: Bis heute habe ich niemals und bei keiner Gelegenheit Haschisch gespritzt oder Heroin getrunken. Und der Allmächtige stehe mir bei, sollte ich das jemals versuchen.

ICE of the living dead

Ich habe einen Traum, und der geht so: Schichtbeginn Samstag mittag 14.00 Uhr. Ich komme aus dem Freibad direkt zur Arbeit. Und zwar mit dem Taxi. In einer Plastiktüte stecken mein nasses Handtuch, das Duschgel, eine Packung Gummibärchen und eine verklebte Ausgabe von Willards Fußfetisch Magazin. Ich steige aus dem Taxi ohne zu zahlen, denn ich habe eine Taxiflatrate. Vor dem Bahnhof grüße ich den einen oder anderen Kollegen von Ferne. Mein Bauch quillt fettig über den Saum der Badehose. Mein Kopf, mein ganzer Körper ist von der ungewohnten Sonne krebsrot und total verbrannt. Die Schlappen an meinen Füßen machen ein floppendes Geräusch. Ich steige in meinen ICE, schließe die Führerkabine auf und mache als erstes den Technikcheck. Anschließend laufe ich alle Waggons ab. Es gibt keine Reservierungen. Es gibt außer mir kein Personal. Alle Plätze sind frei, alle Wagen sind leer.

Wenn das Signal von rot auf grün springt, setzt sich das Ungetüm langsam in Bewegung. Wie eine Schlange kriecht der Zug durch die zahlreichen Weichen im Bahnhofsbereich. Dann werden die Gleise weniger, bis nur noch das eine zu sehen ist, auf dem ich mich selbst bewege. Die Richtung ist vorgegeben, und die Panoramascheibe zeigt mir einen blauen Himmel. Die Beschleunigung lässt die Bäume und Häuser am Wegesrand zu einem einzigen farbfrohen Schmierfilm zerfließen. Tonnenschweres Stahl macht sich auf den Weg, all die unglücklichen Seelen abzuholen. Meine Arbeit kann beginnen.

Ich kann ihn schon von Weitem sehen, wie er da auf der Brücke steht und mir entgegenblickt. Vielleicht hält er sich schon seit Stunden da oben auf und hat zahlreiche Züge an sich vorbeiziehen lassen. Unentschlossen, ängstlich. Ich gebe ihm mit den Frontscheinwerfern ein Signal. Hier bin ich. Ich bin der richtige. Jetzt darfst du. Und dann klettert er auch schon über das Geländer, springt und fällt und fällt. Jeans und T-Shirt stürzen durch die Luft. Mein Club kennt keine Türsteher. Heute heißt es wieder: Eintritt frei. Jeder darf. Bringt eure Freunde mit. Und als wäre die Höhe nicht schon schlimm genug gewesen und seine Glieder aufgeplatzt, blutig und die Knochen gesplittert, so werden jetzt, unumkehrbare Tatsachen geschaffen. Der Zug donnert über ihn hinweg, Blut spritzt an die Scheibe … und das war's. Das Fahrgeräusch bleibt das Gleiche. Kein Rumpeln, kein Zögern, nur zärtliches Dahingleiten auf Schienen. Der erste Passagier ist an Bord. Ich schalte die Scheibenwischer an, das Blut schmiert etwas, und greife nach der Tüte mit den Gummibärchen.

Der nächste Fahrgast ist eine Frau. Sie steht im Gebüsch, genau in der Biegung einer ziemlich unübersichtlichen Kurve. Sie will nicht entdeckt werden, will auf Nummer sicher gehen, will auf jeden Fall vermeiden, dass der Zug noch bremsen könnte. Kein Angst, junge Frau, ich nehme jeden Anhalter mit. Unbeholfen klettert sie auf die leicht erhöhten Gleise. Für eine Sekunde kann ich ihr verheultes Gesicht sehen und denke mir noch: Komm, zeig mir ein letztes Mal deine Titten, aber dann klebt sie auch schon irgendwo unter mir an der Frontseite. Ein abgerissenes Bein fliegt durch die Luft, zurück in den Wald, wird wichtige Nahrungsquelle für allerlei Getier. So haben alle was davon: die Frau, die Tiere und ich.

Keine fünf Kilometer weiter muss ich dann aber doch den Kopf schütteln. Immer diese Rentner. Sollten doch Vorbild sein. Schranke unten heißt nun mal, Achtung Zug, bitte stehen bleiben. Auch dann, wenn der ehemalige Herr Studienrat nicht mehr richtig hören kann und Frau »Ich mach regelmäßig Gymnastik und fühle mich noch ganz fit« sagt: »Also, von rechts kommt nichts.« Beim Überqueren der Gleise empfiehlt sich immer zweimal zu schauen. Und das gilt auch für Wandergruppen. Ich zähle auf die Schnelle dreizehn ältere Herrschaften mit Rucksack, Sonnenhut und Wanderstock auf den Gleisen. Ja, Entschuldigung, dass ich jetzt lachen muss, aber das sieht einfach lustig aus. Die blöden Gesichter, das wilde gestikulieren. Hätten sie in Physik besser aufgepasst, dann wüssten sie, dass ich den Zug nicht mehr rechtzeitig stoppen kann, selbst wenn ich wollte. Dann macht es »klatsch, klatsch, klatsch«, rechts und links spritzt Gedärm, Kopf und Wurstbrot durch die Luft. Wenn ich das richtig gesehen habe, hat der Zug einen Mann genau in der Mitte durchtrennt. Na ja, geteiltes Leid ist bekanntermaßen nur halbes Leid. Ich greife wieder nach den Gummibärchen, aber die Tüte ist leer.

In den nächsten zwei Stunden sammle ich noch ein Liebespaar ein, dessen Beziehung vom familiären Umfeld nicht geduldet wird, einen Mann, dessen Frau vor kurzem bei einem Unfall ums Leben kam, einen jüngeren Mann, der eine Krebsdiagnose bekommen hat, und schließlich einen reichen Unternehmer, der es nicht ertragen kann, sich an der Börse verspekuliert zu haben. Alle werden sie nacheinander in die Luft geschleudert, zerrissen und zerteilt, zu Brei gepresst und gleichen anschließend einer frischen Schlachtplatte. Voilà, es ist angerichtet. Dann mache ich Pause. In einem mitteldeutschen Städtchen steht der ICE auf einem Sondergleis. Weit weg von gewöhnlichen Passagieren, die mit neugierigen Blicken auf etwas stoßen könnten, das sie nichts angeht. Die Anzeigetafel ist blank, die Türen bleiben geschlossen.

Ich schlappe durch den Bahnhof, grüsse auch hier von Ferne bekannte Gesichter. In dieser Branche entkommt man einander nicht. Jeder kennt jeden und Gerüchte und Geschichten verbreiten sich schneller als Lucky Luke ziehen kann. Bei McDonald's lasse ich mir acht verschiedene Burger und eine Cola geben. Verlegen taste ich die Seiten meiner Badehose ab.

»Oh, Scheiße. Kein Geld dabei.«

Der Andere mahnt mit dem Zeigefinger.

»Dann gib mir die Badehose.«

Wir lachen beide, man kennt mich hier. Ich habe eine Burgerflatrate samt Extras. Mit dem Tablett in der Hand verziehe ich mich in die hinterste Ecke und lasse es mir schmecken.

»Ja«, denke ich mir. »Bei uns wird Service groß geschrieben. Wir geben den Kunden, was sie haben wollen. Täglich sind wir im Einsatz. Für Sie, für Deutschland. Kostenlos. Hilfe direkt und unbürokratisch. Kein nerviges Anmelden, Mailadresse hinterlegen, Passwort abholen. Keine Altersverifikation per Postidentverfahren. Kein staatlich beglaubigter Nachweis, dass vorab ein Beratungsgespräch stattgefunden hat.«

Ich liebe meinen Beruf. Er ist sinnvoll, trägt ein klein wenig zur Verbesserung der Welt bei und wird gut bezahlt. Jeder hat das Recht, sein Leben zu beenden wann er möchte. Wir unterstützen die Kunden dabei.

Mit vollem Bauch schlappe ich wenig später zurück zu meinem Zug. Ich lege mich in das Abteil eines Schlafwagens und halte ein Nickerchen. Nach einer Stunde geht es weiter. In einem großen Bogen werde ich die Richtung ändern und schließlich am Abend wieder in meiner Heimatstadt eintreffen. Bis dahin werde ich zwischen zehn und zwanzig weitere verlorene Seelen eingesammelt haben. Hängt immer ein wenig von der Jahreszeit ab, vom Wochentag oder der Ferienzeit. Ich mache das jetzt schon seit 16 Jahren und könnte mir nichts besseres vorstellen.

Soweit der Traum.

In Wirklichkeit muss natürlich auch ich eine Uniform tragen, habe nervige Kollegen und darf mir das Gemecker der Fahrgäste anhören. Der Job ist nicht mal halb so gut bezahlt, die Schichtdienste nerven. Die Taxiflatrate gibt es ebenso wenig wie eine Burgerflatrate.

Ich hocke in der Lounge für Bahnangestellte und beobachte drei Kollegen am anderen Ende des Raumes. Zwei von ihnen sprechen auf den Betroffenen ein. Er sitzt mit krummem Rücken und hängenden Schultern in sich zusammengesunken da. Beinahe vier Monate hat er gefehlt. Nach dem »Unfall« stand er unter Schock. Konnte wochenlang nicht arbeiten. Schuldgefühle zerpflügten sein Gewissen. Er bekam eine Therapie und wurde zur Kur geschickt. Jetzt hängt er wieder öfter hier herum. Will sich wieder eingewöhnen. Bereitet sich innerlich auf seinen ersten Arbeitstag vor. Und natürlich haben alle Verständnis für seine Niedergeschlagenheit. Behaupten, dass würde jedem so gehen. Aber das stimmt nicht. Den ersten Lebensmüden hatte ich keine drei Wochen nach Berufsantritt. Ich sah den Mann auf die Gleise laufen, wie er dastand mit den aufgerissenen Augen, habe ihn überfahren und bin pünktlich im Zielbahnhof eingefahren. Natürlich hätte ich anhalten müssen. Habe ich aber nicht eingesehen. Ich lass mir doch nicht die Tour versauen. Später habe ich behauptet, ich hätte nichts gesehen. Die ganze Sache hätte unterhalb meines Sichtfeldes stattgefunden. Seitdem gelte ich unter den Kollegen als Monster. Aber ich sage euch was, ihr Fotzen: Wenn ihr nicht verstanden habt, dass das Leben eine Abfolge aus Niederlagen und Enttäuschungen ist, gespickt mit dem ein oder anderen Bonbon, dann verkriecht euch in Löcher oder werft euch vor den Zug. Wer nicht mehr leben will, soll sterben, und eure Schwäche ist nicht mein Problem.

Meine Wahrheit vs die Welt 0:1

Der Wecker klingelt wie immer um 6.50 Uhr, und du schlägst auf die Schlummertaste wie ein Gutsbesitzer seinen Untergebenen im Jahre 1754. Schlaftrunken sinkst du zurück in die Kissen, letzte Ausläufer von Traumwellen umfließen das menschliche Bewusstsein, spülen den Müll der Nacht ins Vergessen wie der Metzger die Schlachtabfälle. Wie immer stehst du erst sehr viel später auf, wankst unbeholfen unter die Dusche, während die Kaffeemaschine nach Luft röchelt. Wieder schlägt die nahegelegene Kirchturmuhr eine volle Stunde. Du hängst das nasse Handtuch über den Küchenstuhl, legst den heißgelaufenen Fön zurück ins Holzregal und gießt die laktosefreie Sojamilch über die Haferflocken. Ein neuer Tag hat begonnen. Und du bist immer noch da. Alles ganz normal.

Wie immer schnürst du deine Turnschuhe, modisch abgestimmt zur Jeans und Jacke, alles gekauft im Internetshop deines Vertrauens. Bezahlung per Vorkasse, aber volles Rückgaberecht für dreißig Tage. Was soll da schon schief gehen. Und dann die Treppe runter aus dem Haus hinaus auf die Straße in die Welt. Draußen ist es kalt und es schneit. In der rechten Jackentasche das Mobiltelefon, in der linken den Geldbeutel. Ein Schritt folgt auf den nächsten. Du bist auf dem Weg zur Arbeit, und wer wollte bezweifeln, dass der Tag mit dem Morgen beginnt und mit dem Abend endet und somit alles seine Richtigkeit hat.

Im Büro dann stempelst du elektronisch deine Anwesenheit ein, bezeugst dein Dasein für weitere siebeneinhalb Stunden so wie alle es tun. Der Schreibtischstuhl dreht sich um die eigene Achse, und der Virenscanner sucht sich seine Updates von ganz alleine. Du tippst Zahlen in die Tastatur, sprichst Wörter in den Telefonhörer, grüßt die Kollegen mit den gleichen Sätzen wie jeden Morgen und kotzt das Frühstück unbehelligt in die Schüssel auf dem Klo am Ende des Flurs. Wenig später dann die Mittagspause. Zwölf hat's geschlagen, und man sieht eine gemischte Gruppe von mehreren Personen das Büro verlassen. Du läufst als einer von Ihnen Schritt für Schritt, schaust für eine Sekunde zum Fenster hinaus, bevor du die nächste Stufe nach unten nimmst. Alle reden durcheinander, und du nickst mit dem Kopf, sagst »ja« und »nein« und manchmal »vielleicht«. Hypnotisch abgesichert findet man sich beim Chinesen ein, scharrt mit Plastikstühlen um den Tisch. Du nimmst eine Cola und Gericht Nummer 3 oder 4 oder 5 oder 6. Das alles ist so was von egal. Mit etwas Glück kannst du es unten halten, wo es sich als Klärschlamm samt psychoaktivem Restmüll durch Darmschlingen windet. So heiß, so scharf, dass man zwischen Hitze oder schmerzhaftem Brennen nicht mehr unterscheiden braucht.

A berichtet vom Wochenende und B erzählt von seinem neuen Auto. C äußert eine Meinung, und D stimmt ihm zu, während E widerspricht. Leise raschelt die Tageszeitung in deiner linken Hand, während du dich mit der rechten zitternd, Gabel um Gabel, selbst fütterst. Jemand stellt eine Frage, und du nickst mit dem Kopf, begleitet von einer unbestimmten Handbewegung. Dann ist auch dieser Moment vorbei. Alle reden durcheinander, und du stehst auf, und die Gruppe geht zurück, und alles ist wie immer, wie jeden Tag. Woche für Woche, Monat für Monat, Jahr für Jahr, das ganze Leben und alle Zeit. Nur noch dreißig Jahre, dann hast du es geschafft. Was auch immer das heißen mag. Und das alles ist völlig normal und ganz unscheinbar durchschnittlich. Zweifelsohne zweifelsfrei. Du spielst den Gedanken durch, einfach sitzen zu bleiben, das lautlose Fallen der Schneeflocken zu bezeugen und in die entgegensetzte Richtung davonzulaufen. Stattdessen bist du Teil der Gruppe auf dem Rückzug. Es bedürfte nur einen Schritt zur Seite, um einen Neuanfang zu wagen. Doch es ist genau dieser eine Schritt, den du nicht machen kannst.

Zurück im Büro fühlst du dich aufgedunsen und unruhig. Zwei Anrufe in Abwesenheit. Im elektronischen Postfach der Link zu einem kostenlosen Onlinespiel. Beinahe eine Stunde vergeht wie im Flug, während du mit der Maus ein Fadenkreuz über den Bildschirm bewegst und sich Schreie von Sterbenden mit dem Geräusch explodierender Gegenstände mischen. Immer wieder schieben sich Bilder von aufgespreizten, pinkfarbenen Mösen in das Gesichtsfeld, die für zweifelhafte medizinische Präparate werben. Draußen ist es kalt und es schneit.

Der Drang zu kotzen wird übermächtig, vielleicht hilft ein Kaffee, die Maskerade zu wahren. Dann stehst du da in der Küche und weißt plötzlich nicht mehr, was zu tun ist. Starrst auf die Jacken an der Garderobe, die Mäntel und Mützen. Die Schuhe – wie abgetrennte Gliedmassen. Auf dem Boden Pfützen geschmolzenen Schnees – wie Blut. Doch ohne Leiche kein Verbrechen. Ohne Tränen keine Trauer. Ohne Lächeln kein »Hallo wie, geht's?« Plötzlich dieses Pfeifen im rechten Ohr, dieser hohe Ton, wie das Notsignal aus einer anderen Dimension. Nur bitte jetzt nicht die Kontrolle verlieren. Trink einen Schluck Wasser. Schön alles runterschlucken. Und vor allem unten halten. Niemand hier will deine Kotze sehen. Niemand hier interessiert sich für deine inneren Angelegenheiten. Brechstunde von Montag bis Donnerstag, acht bis zwölf und dreizehn bis siebzehn Uhr. Freitags nur nach Vereinbarung. Statt zum Kaffeelöffel greifst du zum Brotmesser, ziehst deine Jacke an und verlässt das Büro.

Es ist kalt und es schneit. Es ist kalt und es schneit. Es ist kalt und es schneit.

Zwei Tatsachen, die dir jeder vorbeieilende Passant bestätigen würde. Ein Sachverhalt, den niemand anzweifelt. Ein Umstand, mit dem sich alle Menschen in dieser Stadt für heute abfinden müssen. Ein Zustand, wie er üblicherweise für einen Januar vorherrscht in dieser Stadt, in diesem Land. Alles ganz normal, sagst du dir, wie du so allein auf dieser Holzbank sitzt, gegenüber der Bäckerei, während die Farbe deiner Finger langsam von rötlich fröstelnd ins bläulich frierende übergeht. Ein Gedanke treibt vorüber wie eine losgelöste Eisscholle in der Arktis, abgetrennt vom Ursprung und langsam zerfließend. Nichts währt ewig, und alles ist ganz normal. Mein Job, meine Wohnung, meine Frau. Wenn das Fundament bröckelt, droht der Einsturz des ganzen Komplexes. Die Wohnung gehört dir, der Job braucht dich wie du ihn brauchst, nur die Frau hat es sich plötzlich anders überlegt, und deine Versicherung weigert sich, für diese Art von Schaden zu zahlen. Darum gilt zu retten, was zu retten ist, bevor es heißt: Rette sich, wer kann. Du kannst sie nicht sehen, doch du weißt, sie ist da. Automatisch schieben sich die Türen der Bäckerei auf und zu. Es ist ein Kommen und Gehen. Es ist ein gewöhnlicher Nachmittag. Es ist der Lauf der Dinge, und es ist kalt und es schneit. Schneller als gedacht ist die Streife da und kontrolliert deine Personalien. Und du weißt genau, wer sie gerufen hat. Der Mann steht vor dir, mustert dich geringschätzig bis gelangweilt während die Frau im Wagen sitzt, deinen Personalausweis in der Hand, und in das Funkgerät spricht. Guten Tag, was machen Sie hier? Guten Tag, jemand fühlt sich bedroht. Warum haben Sie ein Messer in der Hand? Warum gehen Sie nicht einfach nach Hause?

Dir ist so kalt, und es schneit, und jemand in dir schreit ohne einen Laut von sich geben. Herr Polizist, wie viele Jahre bekommt man für ein willentlich gebrochenes Herz? Für die falsch geweckten Hoffnungen, die enttäuschten Versprechungen? Für den Glauben an das Gute? Ich zahle meine Steuern, mein Vorstrafenregister ist blütenrein. Den Antrag auf ein geglücktes Leben habe ich schon vor dreizehn Jahren beim zuständigen Amt eingereicht. Man attestiert mir, ich sei aufmerksam, großzügig und freundlich. Ich weiß, das Leben ist ein Krieg. Mit Platzwunden kann ich umgehen. Doch immer genau dann, wenn ich glaube, dass der Schnitt nicht bluten wird, dass die Front direkt vor meinen Füssen halt macht und ich jetzt eine Pause wagen kann, genau dann reißt das Seil direkt an der Winde, bricht der Stein ganz unten in der tragenden Wand, stößt mir jemand »Abschied« in den Rücken. Ich bin hier das Opfer, nicht der Täter! Herr Polizist, hören Sie mir überhaupt zu?

Du kannst ihr Gesicht an der Scheibe sehen, zwischen den Butterbrezeln und dem Streuselkuchen, während du gebeten wirst, in den Wagen einzusteigen. Sie transportieren dich ab, während umstehende Passanten mit dem Finger auf dich zeigen. Und zum ersten Mal seit langer Zeit träumst du wieder von einem schnellen Freitod. Von einem Blutbad, in dem du dich reinwaschen möchtest, damit diese ganze Scheiße endlich ein Ende hat.

Spätes Glück

I

Nick und Falk saßen schweigend auf der Terrasse des Cafés. Die Sonne brannte jetzt nicht mehr so stark vom Himmel wie noch Stunden zuvor. Es war bereits später Nachmittag, und der Lage nach zu urteilen, würden die beiden heute den Sonnenuntergang und die Nacht hier erleben. Auf den gleichen weißen, geschmacklosen Plastikstühlen, auf denen sie schon seit dem Mittag ihre Ärsche plattdrückten. Sie residierten im Schatten eines großen, blauen Sonnenschirms, dessen Ränder mit Werbung für eine Zigarettenmarke verunstaltet waren und ließen das Treiben der Umgebung auf sich wirken. Die beiden liebten diese Beschäftigung. Es war beinahe schon Arbeit. Nick gegenüber nippte sein alter Freund Falk an einem siebten Espresso. Hin und wieder fuhr sich dieser mit der Zunge über die Oberlippe und ließ sich dann mit einem leichten Seufzer zurück in den Stuhl fallen. Nick zog an seinem Zigarillo und rülpste. Unter seinen Achseln sammelte sich der Schweiß zu großen Pfützen.

»Da kommt er wieder«, meinte Falk und deutete mit seinem vorgeschobenen Kinn in Richtung Straße. Nick schaute in die entsprechende Richtung und sah einen ungefähr fünfzigjährigen Mann, der seinen Hund ausführte. Er kam jeden Tag hier vorbei. Mehrmals. Im Moment ging es in die dritte Runde, die er mit seinem Beagle drehte. Als der Mann vorüberkam, nickte er den beiden jungen Männern zu. Sie nickten zurück. Er kannte sie nicht, sie kannten ihn nicht. Sein Hund zog ihn mit hechelnder Zunge um die nächste Ecke. Seltsame Rituale, die sich zuweilen so ergaben. Nick fragte sich, ob sie ihn vermissen würden, wenn sein Vorüberziehen eines Tages einfach ausbliebe.

»Ich sollte mal wieder«, meinte Falk, stemmte sich aus seinem Stuhl empor und verschwand im schattigen Dunkel des Cafés.

»Ist recht«, murmelte Nick, drückte den Zigarillo im Aschenbecher aus und zündete sich einen neuen an. Heiße Sommertage gehörten mit zum Schlimmsten was man sich denken konnte. Nick für sein Teil jedenfalls fühlte sich an solchen Tagen immer beschissen. Wenn am Himmel keine einzige Wolke zu sehen war, kein Lufthauch sich regte und die Trägheit von Allem und Jedem Besitz ergriff, dann war er kurz davor, sich mit Benzin zu übergießen und einen letzten Zigarillo zu rauchen. Als die Bedienung vorbeikam, bestellte er doppelten Wodka. Er hatte Lust, sich ins Delirium zu saufen. Mit leicht zitternden Händen tastete er vorsichtig sein rechtes Auge ab. Nichts weiter als eine dumme Angewohnheit, denn die Sachlage änderte sich dadurch natürlich nicht. Die Sehfähigkeit seines rechten Auges hatte rapide nachgelassen. Bei Nicks letztem Arztbesuch war ihm eröffnet worden, dass dem Ganzen nur durch eine gezielte Spritze direkt ins Auge abgeholfen werden konnte. Zuerst glaube er an einen Scherz. Aber inzwischen war er dabei, sich mit einem langsam erblindenden Auge anzufreunden. Denn Nick würde sich keine Spritze direkt ins Auge verabreichen lassen. Unter keinen Umständen.

Falk kam zurück. »Hab ich was verpasst?«

»Hält sich in Grenzen.«

Der Wodka wurde gebracht. Falk und Nick prosteten sich zu und kippten das Zeug weg. Anschließend kramte Falk aus seiner Hosentasche ein kleines Plastikbehältnis hervor, ursprünglich dazu gedacht, um einen Fotofilm darin aufzubewahren. Aus einem Päckchen Alufolie entblätterte er grünliches Zeug, dass er sich in eine selbstgedrehte Zigarette einbröselte. Er machte das ganze mit seiner ruhigen, souveränen Art, die niemanden aufschauen ließ.

»Hm?« Er hielt Nick das angerauchte Teil entgegen, aber der schüttelte den Kopf.

»Danke«, sagte er. »Heute nicht.«

Sie spielten dieses Spiel seit Jahren. Nick rauchte nie was von dem Kraut, er blieb beim Alkohol. Höflich, wie Falk war, ließ er sich aber nicht davon abhalten, seinem Freund hin und wieder einen Zug anzubieten. Rauchend und trinkend hing jeder von ihnen eine Zeit lang seinen Gedanken nach. Passanten eilten vorüber, in der Ferne ertönte eine Polizeisirene, Autos fuhren langsam die Straße entlang, auf der Suche nach einem Parkplatz. Hier und da konnte man Satzfetzen eines Gesprächs aufschnappen. Am Himmel war noch immer keine einzige Wolke zu erkennen. In jeder Minute, die sie hier verbrachten, wurden zahlreiche neue, kleine Menschen in die Welt hineingeworfen. Nick gefiel die Vorstellung, dass jede noch so unbedeutende Handlung Auswirkungen auf das gesamte Weltgeschehen haben konnte. Ein vergessener Haustürschlüssel, ein verlorenes Feuerzeug oder ein Missverständnis zwischen Geschäftskollegen waren wie Fäden, die ausgeworfen wurden, um sich im Netz aus Raum und Zeit zu verheddern. Ereignisse bahnten sich an, deren Folgen erst in einigen Jahren voll zum Tragen kommen konnten.

»Ah, übrigens«, stieß Falk hervor. »Rate mal, wen ich neulich getroffen habe.«

»Keine Ahnung. Agrippa von Nettesheim?«

»Wen?«

»Vergiss es. Sag schon.«

»Andreas Klarenbach!«

»Das alte Sackgesicht?«

»Genau den. Andreas Sackgesicht Klarenbach.«

»Und?«

»Was und?«

»Ist der immer noch so scheiße?«

»Worauf du dich verlassen kannst.«

Falk bließ eine Lunge voller Rauch in Richtung Himmel. In einen Himmel, mit dem sich die beiden einfach nicht arrangieren konnten. Nick hoffte inständig, dass die Nacht bald anbrach. Die Nacht und das Delirium.

»Aber das interessantere an der Geschichte kommt erst noch«, meinte Falk.

»Bis jetzt war sie noch gar nicht interessant«, korrigierte ihn Nick.

»Du erinnerst dich an Alexandra Schluchte?«

Natürlich erinnerte Nick sich an sie und, das wusste Falk auch ganz genau. Alexandra Schluchte. Die Frau Nicks schlafloser Nächte. Die Frau, für die er damals alles gegeben hätte, die ihn erzittern und erbeben ließ. Die Frau, die ihm weiche Knie gemacht hatte und ihm mit einem bloßen Augenaufschlag die Schamesröte ins Gesicht treiben konnte. Aber Nick hatte kein Land bei ihr gesehen. Nicht den Anflug einer Chance. Eine deprimierende Mischung aus Verzweitlung, Versagen und blinder Vergötterung war das gewesen. Sie hatte das Gymnasium vorzeitig verlassen und war damit auch aus Nicks Leben verschwunden.

»Was ist mir ihr?« fragte Nick.

»Das brave Mädchen, die Tochter aus gutem Hause soll leichtbekleidet in gewissen Gässchen der Altstadt gesichtet worden sein.«

An Falks Tonfall merkte Nick, dass dieser sich nicht ganz sicher war, welche Betonung er der Angelegenheit geben sollte. Er konnte nicht einschätzen, welche Bedeutung diese Neuigkeit für Nick hatte. Nick fragte sich, ob das er das glauben sollte, ob das möglich war. Er versuchte, sie sich vorzustellen. Wann hatte er sie das letzte Mal gesehen? Vor ungefähr fünf oder sechs Jahren musste das gewesen sein. Wie sie wohl heute aussah? Die Schulprinzessin von einst, beneidet vom weiblichen Geschlecht, begehrt von allem Männlichen, dass gerade die ersten Schamhaare bekommen hatte, jetzt als zwielichte Straßenschönheit. Das erste Mädchen des Jahrgangs, dass mit einem Motorroller vorgefahren war. Was zu der Zeit ganz schön Eindruck geschunden hatte. Der unschuldig gefallene Engel. Eine klassische Geschichte. Nick hakte nach: »Wenn ich mich recht erinnere, wollte sie sich doch immer selbständig machen.«

»Hat ja super geklappt«, meinte Falk.

Nick steckte sich einen neuen Zigarillo an.

II

Nick lag in seinem Zimmer. Die Comedy CD rotierte das siebte Mal zum Anfang zurück. Jedes Wort, jeder Satz, jeder Dialog wie in Stein gemeißelt. Jede Szene längst in und auswendig im Kopf. Die Pointe hatte sich längst verflüchtigt, war dem Verstand nicht mehr zugänglich. Tiefgefroren in der mechanischen Wiederholung offenbarte sich lediglich eine Aneinanderreihung von Lauten und Geräuschen, die nichts besagte. Das einmal Erkannte wird zum Anerkannten, zum Akzeptierten, zur Gewohnheit, zum ewig Gleichen. Und was würde aus ihm werden? Aus all den anderen, die er kannte?

In seinem Kopf durchwatete er den schlammigen Morast seines Innenlebens, stapfte durch den Sumpf seiner eigenen Beweggründe und Wahrheiten auf der Suche nach dem letzten Grund. Nick hatte gelernt zu schauspielern. Er fühlte sich 158 Jahre alt, und die Erfahrung hatte gezeigt, dass es sich nicht auszahlte, wenn man zu freundlich war. Man reichte den kleinen Finger und verlor die ganze Hand. Auf der anderen Seite: Was man haben wollte, musste man sich holen. Es würde keiner mit dem Silbertablett angelaufen kommen, um es einem zu servieren. Wer am lautesten schreit, wer mit völliger Souveränität seine Arroganz zur Schau stellt, wird am ehesten respektiert und in Ruhe gelassen. Der gespielte Charakter wird zur Routine, die Wiederholung zur Wirklichkeit. Zwischen »haben« oder »sein« entschied Nick sich stets für das »haben«. Und was er nach Falks Information haben wollte lag klar auf der Hand.

Das Rotlichtviertel seiner Stadt war nicht besonders groß. Nach drei Nächten hatte Nick sie ausfindig gemacht. Da stand sie am Straßenrand. Die langen, blonden Haare leuchteten wie ein Wahrzeichen. Ihn dürstete nach Depression, nach Verfall, nach Lüge.

Die Welt als Wille und Vorstellung

I

Inspektor Sullivan saß auf dem Beifahrersitz seines Wagens und lauschte dem Rauschen im Sprechfunk, als in wenigen Metern Entfernung ein Taxi neben der provisorischen Absperrung vorfuhr. Ein Mann mit gerötetem Gesicht stieg aus und sprach mit einem Beamten, dann eilte er auf Sullivan zu, der sich bereits erhoben hatte.

»Sullivan. Sie sind Hr. Reinke, nehme ich an?«

»Ja, wie ist die Lage?«

»Gehen wir hoch in die Wohnung. Sehen Sie selbst.«

In seiner Aufregung bemerkte Reinke nichts von den Nachbarn, die aus den geöffneten Fenstern glotzten, und Sullivan waren sie egal, so lange sie den Einsatz nicht störten. Im Treppenhaus standen einige Beamte herum und sprachen eindringlich auf die übrigen Hausbewohner ein. Alle wurden gebeten, in ihren Wohnungen zu bleiben, sowie die Türen und Fenster geschlossen zu halten. Im dritten Stock, vor Reinkes Wohnung, waren weitere Beamte postiert. Auf dem Treppenabsatz saßen ein Notarzt, sowie ein Tierpfleger des städtischen Zoos und warteten auf Anweisungen. Sullivans Assistent telefonierte mit irgendjemandem, unterbrach aber das Gespräch, als er Sullivan und Reinke auf sich zukommen sah.

»Können wir rein?« fragte Sullivan.

»Das weiß kein Mensch.«

Aus der Wohnung ertönte dumpfes Gepolter, dann lautes Klirren. Es hörte sich an, als zerspringe Glas oder Porzellan.

»Hören Sie«, mischte sich Reinke ein. »Das ist meine Wohnung. Ich möchte sie sehen. Jetzt.«

Was Reinke dann zu sehen bekam, entsprach ungefähr der Situation, die er über das Telefon geschildert bekommen hatte, als er am Arbeitsplatz aus dem Pausenraum geholt worden war. Die ganze Wohnung sah ziemlich verwüstet aus. Möbel waren umgeworfen, Kleidungsstücke lagen auf dem Boden. Jemand hatte offensichtlich vergessen, den Wasserhahn im Bad zuzudrehen, und die Wände waren mit Lebensmitteln beschmiert. Ein strenger Geruch lag in der Luft. Die beiden Männer tasteten sich vorsichtig den Flur entlang und erstarrten, als ihnen aus dem Wohnzimmer die Fernbedienung und ein Stück Brot haarscharf am Kopf vorbeiflogen. Eine haarige Faust tauchte aus dem Nichts auf, schlug Reinke mitten ins Gesicht und verschwand wieder. Augenblicklich begann Reinkes Nase zu bluten.

»Ist alles in Ordnung?« sorgte sich Sullivan.

»Ja, ja.«

Reinke hielt sich ein Taschentuch unter die Nase und robbte den Flurboden entlang. An der Ecke zum Wohnzimmer lehnte er sich mit dem Rücken an die Wand und wagte einen Blick in den Raum. Drei Schimpansen hatten Reinkes Frau bewusstlos geschlagen und an den Esstisch gefesselt. Einer der Affen schaukelte an der Deckenlampe, ein anderer hüpfte und sprang ziellos über die Polstergarnitur. Die Stereoanlage lag umgeworfen auf dem Boden. Aus den Boxen dröhnte ein schlecht eingestellter Radiosender. Der dritte Affe war ganz offensichtlich der Anführer. Man hatte ihm Ohrringe gestochen, außerdem wurde sein Oberarm durch ein großflächiges Tattoo geschmückt. Er hatte sich über die Hausbar hergemacht und schüttete sich teuren Gin abwechselnd über den Kopf und auf Reinkes Frau.

Der Boden war mit Splittern der eingeschlagenen Fensterscheibe übersät. Die dressierten Affen waren aus dem nahe gelegenen Zirkus ausgebrochen und über das Garagendach und die Dachrinne in die Wohnung eingedrungen. Ein Vermittler aus dem Zirkus war bereits einbestellt worden. Bis dahin hieß es abwarten.

Reinke hatte fürs erste genug gesehen. Die beiden Männer zogen sich zurück. Wieder im Treppenhaus platzte die Wut aus Reinke heraus: »Abknallen, sofort abknallen!« schrie er. Sullivan blickte zu Boden, lediglich der Assistent versuchte, etwas Beruhigendes von sich zu geben. »Herr Reinke, das sind doch bloß Affen. Und seien wir doch mal ehrlich, irgendwie ist es doch auch lustig, oder?«

Bei dem Handgemenge zwischen den drei Männern wurde der etwas klein geratene Clown übersehen, der sich seinen Weg in den dritten Stock bahnte. Er stellte sich als Tierpsychologe vor. Um den Geiselnehmern in gewohnter Montur gegenübertreten zu können, hatte er seine Perücke, die Nase, sowie Clownshose und Schuhe angezogen.

»Sie sind also der Unterhändler?« brüllte Reinke. »Und was haben Sie anzubieten, wenn ich mal fragen darf?«

Der Clown versuchte, Reinke einfach zu ignorieren und wendete sich Sullivan zu. Trotz einer dicken Schicht Schminke waren die Augenringe des Clowns deutlich zu erkennen. Auf seiner faltenreichen Stirn sammelte sich der Schweiß. Seine Hände zitterten, und als er zu sprechen begann, verströmte sein Atem den Flair von schalem Bier. »Lassen Sie mich nur machen. Wir werden das schon hinkriegen. Ich kenne Jim, Jack und Joe seit Jahren.« Was der Clown ihnen nicht sagte, war, dass die Affen für ihre Zirkusnummer mit Downern und Aufputschmitteln trainiert wurden. In letzter Zeit hatte es Versorgungsengpässe gegeben, und die Jungs waren auf Entzug. Außerdem hatten die drei Affen auch einstudierte Nummern drauf, die nicht öffentlich gezeigt wurden. Auch nicht in der Spätvorstellung für ein erwachsenes Publikum. Der Clown hatte eine Notration an Medikamenten in seinen Taschen und er hoffte, dass er Jim, Jack und Joe damit beruhigen konnte, ohne dass die Polizei etwas davon mitbekommen würde. Nachdem sich Stille im Treppenhaus breit gemacht hatte und keiner der Beteiligten Anstalten machte, etwas zu sagen, gab Sullivan ein eigentümliches Geräusch von sich.

»Na dann los.«

Er öffnete die Wohnungstür. Der Clown krempelte sich seine viel zu großen Ärmel nach oben und verschwand in der Wohnung.

II

Ich erinnerte mich, den Affen schon einmal gesehen zu haben. Das war noch vor dem Entschluss zur Polizei zu gehen. Für mich gab es unter den drei Entführern nur einen einzigen Affen von Relevanz, und das war der Anführer. Damals arbeitete ich als Hausdetektiv für eine Sicherheitsfirma. Wann immer jemand das Gefühl hatte, ein überwachendes Auge sei in seinem Betrieb angebracht, ohne gleich ein ganzes Kamerasystem installieren zu müssen, wurde einer von uns wie der Botenjunge losgeschickt, um nach dem Rechten zu sehen. Meistens gab es nicht viel zu tun. Auch einen Tag blau zu machen war kein größeres Problem. Wurde man diesbezüglich angesprochen mit: »Gestern habe ich Sie überhaupt nicht bei uns im Haus gesehen«, antwortete man entsprechend: »Ich beherrsche eben meinen

Job.« In jenem besagten Fall war es eine Möbelhauskette gewesen, in der ich meinen Dienst zu absolvieren hatte. Zur Eröffnung gab es ein größeres Fest, das sich über drei Tage erstreckte. Zum Programm gehörten verschiedene Veranstaltungen, um die Leute bei Laune zu halten und möglichst unterschiedliche Interessenten anzusprechen. Ich sollte als stiller Beobachter durch die Etagen spazieren und aufpassen, dass nicht zu viel geklaut wurde. Kleine Gegenstände wie Gläser, Kerzen, Handtücher oder Seifenhalter waren beliebte Souvenirs, die naturgemäß offen präsentiert wurden. In gewisser Weise waren auch geklaute Gegenstände Werbung für das Möbelhaus, aber man wollte die Selbstbedienung in Grenzen halten. Für den ersten Tag hatte man ein großes Buffet vorbereitet, und während der Geschäftsführer die obligatorische Festrede hielt, scharten sich die Leute in Trauben um die Tische und luden sich die Teller voll. Anschließend gab es ein Preisausschreiben für Kinder, bei dem jeder gewann, der gerade so einen Buntstift halten konnte. Das ganze wurde von gelangweilten Reportern der Lokalpresse verfolgt. Sah man in deren bleiche, schlaffe Gesichter, lag die Vermutung nahe, dass die meisten Redaktionen ihre Volontäre, Auszubildende oder Aushilfen vorbeigeschickt hatten. Wer wollte es ihnen verdenken. Ich hielt mich im Hintergrund. Mit einem Plastikbecher voll Gratislimonade hörte ich den Ausführungen des Geschäftsführers zu. Mich tröstete der Gedanke, dass nicht einmal er meine wahre Identität kannte. Ich konnte also nach Herzenslust Gähnen, ohne ein schlechtes Gewissen vortäuschen zu müssen. Als vorläufiger Höhepunkt des Tages wurde die offizielle Repräsentantengruppe des Zirkus »Marcusi« angekündigt. Man versprach Spaß für die ganze Familie. Mit der Bürde auf den Schultern dieses Versprechen einlösen zu müssen, betraten ein Tellerjongleur und zwei geschminkte Clowns die Szenerie. Unter Beschallung von Pauken und Trompeten kamen sie aus dem Aufzug marschiert. Einer von den Clowns hielt den Schimpansen an der Hand. Der Affe stach mir sofort ins Auge. Er war überdurchschnittlich groß. Sein Gang war selbstsicher und bestimmt. Er wirkte weder plump, noch harmlos. Es fehlte dieses Element der Verniedlichung, das solchen Aufführungen eigen war. Das hier war kein Mensch, aber es war auch mehr als ein gewöhnlicher Affe. Man hatte ihm einen Frack angezogen, und da er seinem Clown einen Schritt voraus war, sah es so aus, als führe das dominante Tier den blinden Mensch hinter sich her. Das Wesen setzte sich routiniert auf den Klavierstuhl vor den bereitgestellten Flügel. Auf ein vereinbartes Wort hin begann der Affe mit einem bekannten Kinderlied, während der Jongleur seine Nummer abzog. Der Affe klimperte mit nur einem Finger, und das Rhythmusgefühl war etwas eigenwillig, trotzdem war die Melodie klar erkennbar. Während des Spiels blickte das Tier immer wieder seitlich ins Publikum. Unsere Augen trafen sich. Man sagt, die Augen seien das Tor zu Seele eines Wesens. Also, was habe ich gesehen? Eine seltsame Welt. Eine Welt wie ein immerwährender Trip. Man wünscht sich sehnlichst, dass er aufhört. Doch anstatt langsam abzuklingeln und dem Geist Ruhe zu gönnen, ging es immer weiter hinaus in fremde Regionen. Der Funke neuer Erkenntnisse verbrannte alles, worauf man sich seither verlassen konnte. Je mehr erlebte Ferne hinzukommt, umso mehr staut sich Wut darüber, seine Wurzeln verloren zu haben. Bis die Wut zu einer Wand gewachsen ist, zu einem Turm, in dessen inneren Mauern etwas am verwesen ist. Dieser unglaublich intensive Blick des Affen hatte sich mir eingebrannt. Dieses Tier strahlte Aggression und Hass aus. Eine Gewalt und

Destruktion, die aus dem Bewusstsein entstanden war, weder Tier, noch Mensch zu sein. Für seine Artgenossen war er ein Fremder geworden. Von den Menschen wurde er als Dressurmaschine behandelt. Seiner natürlichen Eigenschaften beraubt, litt er an sich selbst. Dieses Unbehagen, das von ihm ausging, lag in der aufkeimenden Erkenntnis, dass er etwas ganz eigenes, völlig individuelles darstellte. Etwas, dass sich in keinem gängigen Raster ausdrücken ließ. Ich wendete mich ab. Plötzlich hatte ich den Eindruck lediglich Zeuge einer Variante von Elend zu sein, die mich schaudern ließ. Was wusste ich schon über dieses Tier? Nicht mehr als der durchschnittliche, multimediale Konsument eben im Lauf der Zeit mitbekommt. Sie lebten in Rudeln, paarten sich bei jeder Gelegenheit und verfügten über größere körperliche Kräfte, als man ihnen auf Anhieb zutraute.

Trotzdem wurde ich diesen Blick nie wieder los. Jahrelang verfolgte er mich. Und es sollte lange brauchen, bis mir dämmerte, warum. In mir reifte eine Ahnung, die, wenn man sie laut ausgesprochen und jemandem mitgeteilt hätte, einfach nur wahnsinnig geklungen hätte.

III

Über den Fernsehbildschirm flimmerte eine Reportage über Blutzellen, die man aus der intakten Nabelschnur frischgeborener Säuglinge entnahm. Sollte dem Kind in den ersten zwanzig Jahren seiner Entwicklung etwas zustoßen, konnte man mit Hilfe dieser Zellen bis dahin ungeahnte Hilfestellungen im Genesungsprozess leisten. Ein junger Wissenschaftler erklärte die Vorteile dieser Absicherung vor dem Hintergrund bisheriger Möglichkeiten. Und obwohl jetzt die große, lange Nadel einer Spritze direkt in die Nabelschnur eines beschmutzten, schreienden Babys stieß, war Sullivans Frau mit ihren Gedanken ganz woanders. Sie saß mit angezogenen Knien auf dem Sofa, hatte eine wärmende Decke über die Beine gelegt und dachte an ihren Mann, der schon seit Stunden in seinem Arbeitszimmer saß, ohne auch nur einen Laut von sich zu geben. Die letzten Wochen über war er sehr in sich gekehrt und abweisend gewesen. Sie hatte nicht darauf bestanden, dass er die Einzelheiten seiner Arbeit vor ihr ausbreitete. Wusste sie doch zum einen wie er es hasste, sich rechtfertigen zu müssen, zum anderen durfte und wollte sie von den Schrecken der polizeilichen Ermittlungsarbeit überhaupt nichts wissen. Wider besseres Wissen, dass aus langen Jahren des Zusammenlebens rührte, fühlte sie sich momentan aus seinem Leben ausgeschlossen. Die wenigen Dinge, die er von sich gab, muteten kryptisch an. Ob nicht alle Menschen in den so genannten Zivilgesellschaften nur zurechtgestutzte Wesen seien, die den Kontakt zu ihrer wahren Natur verloren hätten? Eingeengt durch moralische Verbote, klein gehalten durch immer drückendere Arbeitsverhältnisse, hypnotisiert durch aufgezwungene Werte, die gar keine seien. Ob nicht eine Tat, die sich gemeinhin als »Verbrechen« äußerte, als ein revolutionärer Akt der Selbstbestimmung gegen jede Art von Limitierung zu deuten sei. Wie er das meine, hatte sie gefragt, aber er hatte sie nur kurz angeblickt und dann abgewinkt. Ob er mit seinem Leben unzufrieden sei, wollte sie wissen. Nein, hatte er gesagt, nur unvorstellbar müde und traurig. Von da an war sie ratlos gewesen, ob sie ihn besser allein lassen sollte oder ob er Beistand brauchte. Als sie in die Küche ging, um sich eine neue Tasse Vanilletee aufzubrühen, ertappe sie sich, wie sie vor der Zimmertür ihres Mannes stehen blieb und einen Augenblick lauschte. Nichts. Es war absolut nichts zu hören. Als ob sie allein in der Wohnung wäre.

Nach einer weiteren Stunde wurde sie unruhig. In ihren Knochen steckte eine gehörige Mischung aus Ärger und Unsicherheit. Die Rücksichtslosigkeit mit der er jedem Miteinander aus dem Weg ging, nervte sie. Aus einer Trotzreaktion heraus stellte sie den Fernseher lauter und lauter. Sie wollte sich bemerkbar machen, sich in seine Erinnerung zurückrufen und ihn zu irgendeiner Art von Stellungnahme zwingen. Doch es folge kein Türenknallen, kein Anschreien. Die dunklen Wolken in ihrem Kopf bekamen keine Möglichkeit, sich in Wohlgefallen aufzulösen. Sie warf die Decke von den Knien, stand auf und horchte an der Tür seines Arbeitszimmers. Sie konnte ein leises Wimmern hören, und sofort verflog ihre schlechte Laune. Erstmals kam ihr der Gedanke, dass er sich nur deshalb so zurückzog, weil es ihm wirklich schlecht ging. Vielleicht brauchte er Hilfe. Vielleicht war er schlicht unfähig zu artikulieren, was ihn bedrückte. Entgegen ihrer jahrelangen Abmachung klopfte sie zaghaft an die Tür. Spätestens jetzt müsste er wutentbrannt öffnen. Doch es passierte nichts. Im Zimmer war keine Bewegung zu hören. Sie griff nach der Klinke und versuchte ruckhaft, die Tür aufzustoßen. Abgeschlossen. Jetzt war sie sicher, dass ernsthaft etwas nicht stimmte. Sie rüttelte entnervt am Türgriff und fluchte. Dann versuchte sie durch das Schlüsselloch zu schauen. Sie erkannte den umgestürzten Bürostuhl, seine Rollen ragten seitlich in die Luft. Da kein Schlüssel von Innen steckte, bediente sie sich eines lange gehüteten Geheimnisses. Der Schlüssel der Küchentür war ähnlich geformt, und mit etwas Feingefühl ließ sich auch das Arbeitszimmer damit öffnen. Sie steckte ihn ins Schloss, mahnte sich zur

Ruhe und stieß die Tür auf. Über dem Boden des gesamten Raumes lagen Sullivans Kleider verstreut. Der Dimmer war heruntergedreht, und das Licht verlieh dem Zimmer ein nebeliges Unwohlsein. Es roch nach Urin. Außer dem Stuhl waren auch auf dem Tisch Gegenstände umgeworfen worden. Ihr Mann war nackt über den Schreibtisch auf die Regalwand geklettert. Dort kauerte er reglos zwischen den großen Topfpflanzen und dem Fernseher. Seine nackten Füße wirkten überproportional groß im Vergleich zu den stark behaarten Beinen. Der Penis hing klein und runzlig unter dem Büschel aus Schamhaar. Scheu starrten seine Augen zwischen den Blättern hervor und trafen sie mit einem Blick, der ihr die Gewissheit ins Hirn brannte, dass sie ihren Mann unwiederbringlich an andere, parallele Dimensionen verloren hatte.

Ich habe nicht darum gebeten geboren zu werden

Mein Anwalt beugt sich zu mir herüber und mahnt mich im Flüsterton nochmals, ihm nicht ins Wort zu fallen. Emotionale Ausrutscher seien hier und jetzt fehl am Platz. Die Verhandlung über werde er mein Wortführer sein. Wie ich wisse, sei er gut vorbereitet, und er handle in meinem Interesse. Ich glaube ihm. Es fällt mir trotzdem schwer, mich zu beherrschen. Am Tisch gegenüber sitzen meine Eltern. Ich bin bemüht, nicht in ihre Richtung zu blicken. Aber ich fühle, dass mich beide unentwegt anstarren und den Augenkontakt suchen. Ich weiß außerdem, dass sie maßlos enttäuscht sind. Als die Sache mit der Klage ins Rollen kam, stand ihnen der Schrecken ins Gesicht geschrieben. Was sollten die Nachbarn denken? Die Verwandtschaft und Bekannten? Inzwischen erinnere ich mich fast mit etwas Wehmut an die abendlichen Streitereien, die Drohungen, das Bitten und Betteln. Was haben wir uns angeschrien. Wie oft habe ich versucht, ihnen die Situation zu erklären. Aber sie wollten es einfach nicht verstehen.

»Du bist nicht unser Sohn!« brüllten sie immer wieder.

»Doch, das bin ich!«

Und genau das war das Problem. Da konnten auch der Sozialarbeiter und der Psychologe nichts daran ändern, die uns eine Zeit lang im Alltag begleiteten.

Der Richter und die Schöffen betreten den Gerichtsaal. Alle erheben sich. Dann wird es still. Das Verfahren ist eröffnet.

Die Presse hatte das ganze Geschehen von Anfang an lebhaft begleitet. Besonders die Boulevardblätter hielten sich mit emotionalen und wertenden Schlagzeilen nicht zurück. »Sind das noch unsere Kinder?«, »Das Monster von Deutschland!« oder »Hier lächelt er sogar noch«, darunter war das verschwommene Bild eines jungen Mannes in meinem Alter zu sehen, der aber mit Sicherheit nicht ich gewesen war. Es gab viele Artikel über meinen Fall. Ich wusste sogar von einer Radiodiskussion, die sich nur um dieses Thema drehte. Mein Gesicht fing an, eine gewisse Bekanntheit zu erlangen, da konnte auch der übliche schwarze Balken nichts daran ändern, der einem auf Fotos über die Augen gezogen wurde. Nicht zuletzt deswegen bin ich froh, dass der Prozess unter Ausschluss der Öffentlichkeit stattfindet. Man weiß, dass mein Fall nur die Spitze des Eisberges ist. Es gibt da draußen noch mehr von uns. Und diese unausgesprochene Gewissheit lässt die Gesellschaft so erschaudern.

Als erster Zeuge wird einer meiner ältesten Freund aufgerufen. Er solle mich beschreiben, wie er mich von meinem zehnten bis zum zwanzigsten Lebensjahr in Erinnerung habe. Dann mein Elternhaus und schließlich, ob ihm besondere Vorfälle bekannt gewesen seien. Ich bin ganz zufrieden mit seiner Aussage. Die wichtigsten Punkte der frühen Jugend spricht er an. Die Arbeitsdienste: Einkaufen für die Oma, Autowaschen für den Vater, Einkaufen für die Mutter, Rasen mähen für die Hausgemeinschaft, Hund ausführen für die alte Nachbarin. Er habe nie verstanden, warum ich überhaupt kein Taschengeld bekomme habe, und außerdem sei ich der einzige in der Klasse gewesen, der nicht am Tanzkurs teilnehmen durfte, bei keiner Klassenfahrt dabei war und am Wochenende immer um 22.00 Uhr zuhause sein musste. Dabei sei doch bekannt, dass dies die ersten Möglichkeiten seien, sich dem weiblichen Geschlecht in einem vertretbaren Rahmen zu nähern. Wann er endlich mal ein nettes Mädchen mit nach Hause bringe, hatten die Eltern irgendwann immer drängender gefragt. War die Zukunft mit Einfamilienhaus, zwei Autos und Kindern auf dem Reißbrett doch schon längst entworfen. Auf die Idee, dass man dieses Elternhaus keinem fremden Menschen zumuten dürfe, wollte man sich die Chancen bei den Frauen nicht versauen, kamen sie offenbar nie.

Draußen vor dem Fenster kann ich die verschiedenen Protestgruppen hören. Das Polizeiaufgebot ist ganz ordentlich. Durch in den Boden geschraubte Absperrgitter wird versucht, die beiden Blocks auseinander zu halten. Transparente werden in die Höhe gehalten. »Heul doch!« steht auf einem, »Hose runter« und »Schlagzeugsolo!« auf anderen. Irgendein christlicher Verein junger Menschen stimmt ein Lied an, das selbstredend von der Liebe Gottes zu allen Menschen handelt und in dem es um das Gebot »Ehre Deine Eltern« geht. Sofort erhebt sich ein Pfeifkonzert aus den gegnerischen Reihen.

Im Zeugenstand kommt nun meine erste Freundin zu Wort. Die plötzlichen Zimmerkontrollen unter scheinheiligsten Vorwänden seien eine stressfördernde Tortur gewesen. Die Einladungen, mit der Familie zu Abend zu essen, nichts anderes als entwürdigende Einladungen zum Kreuzverhör, um die Herkunft, Ansichten und Einzelheiten zum Lebenswandel hervorzupressen. Der Sohn sei vor ihren Augen gedemütigt und mit spitzen Kommentaren gehänselt worden. Die Eltern wollten sich dadurch bei der Freundin offenbar als witzig und lebenslustig präsentieren. Dass ihr Sohn in den Augen der Freundin stattdessen maßlos herabgesetzt wurde und die Familie unter jugendlichen als peinliche Sperrzone galt, war ihnen entweder nicht bewusst oder es war ihnen egal. Und dann kommt ein Satz, den ich nicht erwartet hatte: Da sie immerhin drei ganze Wochen mit mir zusammen gewesen sei und diese Zeit auch bei ihr Spuren in der Psyche hinterlassen hätte, prüfe sie derzeit die Möglichkeit, als Nebenklägerin aufzutreten. Meine Mutter beginnt zu weinen. Mein Vater flüstert mit seinem Anwalt, wird immer lauter und ruft schließlich »Du weißt doch gar nichts vom Leben. Du hast doch überhaupt nichts verstanden!« durch den Saal. Er will noch weiter schreien, aber meine Mutter bringt ihn mit einer Ohrfeige zum Schweigen.

»Aber ich weiß, was mir wehgetan hat«, flüstere ich. »Und heute ist Zahltag.«

Nacheinander defilieren verschiedene Zeugen meiner Eltern vorbei.

Ein alter Nachbar: »Der kleine Sohnemann konnte ja nicht mal anständig grüßen. Der hat das Maul nie aufgebracht.«

Ein Onkel: »Er war ein schwieriges Kind. Wollte kein Fußball spielen, Autos haben ihn auch nicht interessiert. Ich meine, was soll man mit so einem Jungen anfangen?«

Eine frühere Lehrerin: »Durch seine stille, zurückhaltende Art hat er sich in meinen Augen sehr verdächtig gemacht. Anfangs dachte ich, er sei geistig behindert. Seinen Unwillen an Gruppenaktivitäten teilzunehmen, habe ich als Sabotage meines Unterrichts empfunden.«

Ein Freund der Familie: »Schauen sie ihn doch an. Wie er dasitzt. Das sagt doch alles.«

Vor dem Fenster gibt es plötzlich einen lauten Knall. Rauch steigt auf und vernebelt kurzzeitig die Sicht. Wir hören Schreie und Rufe. Glass splittert. Die Alarmanlage eines Autos beginnt zu hupen. Die Polizei setzt den Wasserwerfer ein. Der Beamte im Saal lauscht eine Minute angestrengt auf die Stimme in seinem Ohrknopf. Dann signalisiert er dem Richter, dass alles unter Kontrolle sei. Später erfahren wir, dass zwei religiöse Fanatiker das Gebäude stürmen wollten. Dieser Prozess sei ein Schauspiel des Teufels, der verhindert werden müsse.

Nachdem ein psychologischer Gutacher uns allen einerseits widerspricht und andererseits Recht gibt, stellt er fest, dass sich nichts eindeutig feststellen lässt, da eine Gewichtung unmöglich sei und er sich deswegen außerstande sehe, eine Aussage zu treffen.

Schließlich nähert sich das Verfahren den zentralen Punkten der Anklage. Ob dem Vater denn im Vorfeld der Zeugung nicht klar gewesen sei, dass er seine genetisch bedingten Probleme vererben würde, und zwar folgende Symptome:

Trockene, schuppige Haut, Haarausfall, flaches Gesicht, Fettleibigkeit, verschwommenes Sehen, Rückenschmerzen, Senk- und Spreizfuss, Minderwuchs, Wirbelsäulenverkrümmung, Fehlgeburt und Tod.

Auf der einen Seite sei das alles ja sehr lustig, auf der anderen Seite stellten die genannten Punkte in der heutigen Gesellschaft für einen Mann ein diffamierendes Manko dar, dass sich nie wieder gutmachen lasse. Ob die Mutter denn nie auf die Idee gekommen sei, dass die charakterlichen

Schwächen und schwankenden Gemütsregungen ihrerseits sich auf den Sohn übertragen könnten? Im vorliegenden Falle sei besonders auf Paranoia, Spielsucht, Demenz, Schlafstörung, Putzfimmel und Lästermauligkeit hinzuweisen. Welch unglaubliche Benachteiligung diese Veranlagungen im Überlebenskampf darstellen würde. Und dann die Namensgebung: Finn-Bastian-Leon. Das sei schon zum Zeitpunkt der Geburt eher einer Beleidigung gleichgekommen. Wer mit so einem Namen gestraft sei, dürfte nicht erwarten, dass man ihn ernst nehme. Ob das Kind denn absichtlich dem Spott preisgegeben werden sollte? Warum sie beide glaubten, sie hätten die Fähigkeit, ein Kind zu erziehen? Ob sie auch nur eine Sekunde daran gedacht hätten, dass ihr Sohn überhaupt nicht geboren werden wollte?

Der Vater antwortet: »Was der Sohn will, geht mich nichts an.«

Die Mutter: »Später kamen gelegentlich Schuldgefühle.«

Und schließlich die Frage aller Fragen: Woher sie beide sich das Recht genommen hätten, menschliches Leben in die Welt zu setzen?

Dann macht mein Vater einen Fehler: Er behauptet, die Zeugung sei nicht so genau geplant gewesen, sondern habe sich eben ergeben. Meine Mutter widerspricht sofort: Die Zeugung sei sehr wohl von ihr genau geplant gewesen, aber man habe die erzieherische Aufgabe, die damit einhergehe, psychologisch, sozial und finanziell unterschätzt.

Das kommt einem Schuldgeständnis gleich.

Nach einer kurzen Beratungspause, in der ich mir aus dem Automaten im Gang eine Cola ziehe, wird das Urteil verkündet. Meine Mutter wird in die Psychiatrie eingewiesen, wo sie ein Leben lang nackt putzen muss. Mein Vater wird zum Tode durch Zerhacken mit einem Presslufthammer

mer verurteilt. Begründung: Es kann von der menschlichen Gemeinschaft nicht geduldet werden, dass völlig unreflektiert Leben in die Welt gesetzt wird. Im vorliegenden Fall handele es sich um Zeugung aus niederen Beweggründen.

Des Weiteren muss vor dem Recht auf Elternschaft künftig ein Befähigungsnachweis abgelegt werden. Jeder Autofahrer müsse einen Führerschein machen, vor Berufsantritt müsse eine Ausbildung absolviert werden, da geht es beim Zustand der Welt im einundzwanzigsten Jahrhundert nicht mehr an, hormonell- und triebbedingte Umstände oder kulturelle Prägung der Ratio unterzuordnen. Kommen ist okay. Nachkommen sind nicht okay. Don't drink and fuck! Und »huch, ist halt so passiert« gilt nicht mehr. Schaut mal in den Spiegel. Wollt ihr dieses Elend wirklich weitergeben? Ich habe nicht darum gebeten, geboren zu werden.

Und Du?

Hattest Du eine Wahl?

Lasst mich in Ruhe!

Es begann mit einem allgemeinen Unwohlsein. Wenn ich in einer Bäckerei Schlange stehen musste oder am Bahnsteig auf die S-Bahn wartete, überkam mich plötzlich ein unbestimmtes Unbehagen, das ich nicht näher zu deuten wusste. Ich blickte um mich, schaute mir die Örtlichkeit genauer an, versuchte diese diffuse Empfindung an irgendetwas fest zu machen. War es die künstliche Beleuchtung, die an diesem unterirdischen Bahnsteig viel zu spärlich ausgefallen war? Lag es an der schlechten Luft oder an der Hitze des Tages? Nervte mich die Musik, die alle wartenden Passagiere einzulullen versuchte und gegen die man sich nicht wehren konnte? Und beim Einkaufen an der Kasse, störten mich da vielleicht nicht nur das aufdringliche Parfum des Vordermanns oder die schreienden Kinder im Einkaufswagen hinter mir? Möglicherweise waren es nur meine Nerven und meine Tagesform, die mir einen Streich spielten.

Der Alltag hat uns alle fest im Griff. Das Leben geht seinen Gang. Alles, was nicht einem Schlag in die Fresse gleicht, geht gnadenlos unter. Aus diesem Grund konnte ich weitere Veränderungen, die im Gange waren, zunächst in keinen Zusammenhang stellen. Die Bewegungen, die hier stattfanden, waren schlicht zu fein und zu leise dafür. Erst Wochen später kamen mir weitere Einzelheiten in den Sinn. Morgens fühlte ich mich unausgeschlafen und müde. Das Aufstehen fiel mir ungeheuer schwer. Die Augenlider waren wie Blei, der Körper kraftlos, die Laune ausgesprochen schlecht. Wenn ich es dann doch geschafft hatte, duschte ich endlos lange. Da ich mich irgendwie schmutzig fühlte, schrubbte ich mich mehrmals komplett von oben bis unten ab. Zum Frühstück trank ich drei große Becher schwarzen Kaffee, anstatt nur einen mit Milch und Zucker wie gewohnt. Mir war, als wäre mein Motor sabotiert worden. Ich funktionierte noch, aber irgendwie nur mit halber Kraft. Üblicherweise las ich jeden Tag auf dem Weg zur Arbeit in der Bahn die Zeitung. Während ich früher das ein oder andere Mal den Kopf geschüttelt hatte und mir dachte, dass Politiker eine ganz eigene Spezies seien, die viel vehementer zur Rechenschaft gezogen werden müssten, so hatte ich nun auf einmal den Eindruck, von all den negativen Schlagzeilen regelrecht erdrückt zu werden. Wohin man auch schaute, überall waren korrupte Menschen in Machtpositionen, die logen, dass sich die Balken bogen und sich einen Dreck um das Gemeinwohl des Volkes scherten. All die Standards, die seither in der Gesellschaft gegolten hatten, wurden außer Kraft gesetzt oder entwickelten sich zum Schlechteren. Unglück reihte sich an Unglück, ganz egal ob es sich um Naturkatastrophen, Unfälle, Morde oder dumme Zufälle handelte. Irgendwo auf der Welt war immer irgendein Krieg im Gange. Der Umwelt ging es schlecht, der Wirtschaft ging es schlecht, dem Gesundheitswesen, dem Sozialstaat, dem Bildungssystem, dem Finanzsystem. Psychische Erkrankungen waren auf dem Vormarsch. Lebensmittel und Kinderspielzeug waren vergiftet. Der Planet stand ganz kurz vor dem Kollaps. Wenn ich an die Zukunft dachte, sah ich plötzlich schwarze Wolken vor mir, hörte schreiende Menschen, roch die Massengräber, die von untergegangenen Demokratien herrührten. Bald schon konzentrierte ich mich allein auf die Lottozahlen und die Sportnachrichten. Kurz darauf stellte ich das Zeitungslesen ganz ein. Ich hörte mir auch keine Nachrichten im Radio an und mied entsprechende Sendungen im Fernsehen. Ich hatte ganz einfach das Gefühl, die Informationen nicht mehr angemessen verarbeiten zu können. In mir war etwas kaputt gegangen. Ich ertrug die Zumutungen der Welt nicht mehr, und vor allem wollte ich sie auch nicht mehr ertragen können. Da war ein ungeheures Bedürfnis, einfach den Kopf in den Sand zu stecken. Moralische Verantwortung? Informationspflicht des Bürgers? Erwachsener und reifer Umgang mit Problemsituationen? Mir alles egal. Ich wollte nichts mehr davon hören.

»Das geht uns doch allen manchmal so«, sagte ein Freund. »Vielleicht ist das der Beginn einer Depression. Gib auf dich Acht«, riet ein anderer. Vielleicht hatten meine Freunde recht. Ich beschloss, ihre Ratschläge im Hinterkopf zu behalten. Dazu notierte ich einen Tag im Kalender sechs Monate in der Zukunft. Wenn es nur eine Phase war, sollte sie in einem halben Jahr vorbei sein oder sich verändert haben. Für die Depression sprach eine andere Beobachtung, die ich an mir selbst gemacht hatte. Eines Abends saß ich mit drei Leuten in einem Café. Es wurde über Musik, Filme und ein anstehendes Konzert gesprochen.

»Was ist los mir dir? Du bist so still heute.« Ein Satz, den ich immer öfter zu hören bekam.

»Nichts ist los. Ich bin hier und höre zu.«

»Ja, aber du sagst nichts. Du bist irgendwie distanziert.«

»Nein, bin ich gar nicht. Ich bin vollkommen konzentriert und anwesend.«

»Warum sagst du dann nichts?«

Ja, warum? Eine konkrete Antwort wusste ich nicht. War zu den genannten Themen nicht schon alles gesagt worden, was es zu sagen gab? Irgendwie wiederholte sich doch alles bloß. Immer wieder aufs Neue. Mir war dieses Durcheinander der Stimmen zu laut geworden und zu schnell. Es war nicht so, dass ich keine Meinung mehr gehabt hätte, aber diese Ambition, das Gegenüber mit guten Argumenten und gezielten Fragen von meiner Position überzeugen zu wollen, war verschwunden. Du hast eine andere Weltanschauung? Du siehst die Dinge ganz anders? Du verstehst nicht, was ich meine? Gut. Dann ist das eben so.

Aber selbst diesen Sachverhalt konnte und wollte ich nicht verständlich machen. »Du ziehst dich zurück«, sagten sie. Ich wollte widersprechen, fand aber keine Worte. Die Logik schien auf ihrer Seite. »Du wirst langsam kauzig«, war eine Reaktion. »Geh doch mal zum Psychologen«, eine andere. Zu Hause riss ich den ganzen Kalender von der Wand. Phase hin oder her. Das war doch egal. Ich hatte keine Lust mehr, mich für irgendwas rechtfertigen zu müssen.

Bei der Arbeit im Büro wurde die Situation auch nicht gerade einfacher. Ich tat so, als würde ich neue Mails im Postfach einfach nicht sehen. Am Faxgerät ging ich vorbei, ohne einen Blick darauf zu werfen, und das Telefon ließ ich so lange klingeln, bis ich hören konnte, dass sich Kollegen aus anderen Abteilungen lautstark gegenseitig fragten, ob ich denn heute nicht da sei. Wenn ich den Pausenraum betreten wollte, bekam ich Beklemmungen in der Brust. Sprach mich jemand direkt an, hätte ich ihm am liebsten ins Gesicht gekotzt oder geohrfeigt. Überhaupt – ich wollte nicht mehr sprechen müssen. Es strengte mich zu sehr an. Mir war, als lösten sich meine Worte von den Lippen, erhoben sich wie Seifenblasen in die Luft und zerplatzten schließlich. Bei meinem Gegenüber kam ohnehin nicht das an, was ich sagen wollte. Um die Situation zu entschärfen, nahm ich meinen kompletten Resturlaub und blieb zu Hause. Die Bedenken, ich könne tatsächlich depressiv sein, zerstreuten sich augenblicklich. In meinen vier Wänden ging es mir gut. Ich konnte jeden Tag ausschlafen, die Laune stieg merklich. Langweilig wurde mir auch nie, ich wusste mich zu beschäftigen, die Welt war schließlich ein interessanter Ort. Nur sprechen wollte ich eigentlich nicht mehr.

Dass trotzdem irgendwas nicht stimmen konnte, musste ich auf schmerzhafte Weise dazulernen. Ich begann nun öfter alleine auszugehen. Saß still in den Ecken des Cafés oder bei gutem Wetter draußen. Ich spielte Schach gegen mich selbst oder las Haikus. Das Bestellen und Bezahlen der Getränke war dabei der anstrengendste Teil. Näherte sich mir die Bedienung, wurde mir schlecht. Musste ich sprechen, beschleunigte mein Herz derart, dass ich glaubte, noch an Ort und Stelle einem Herzinfarkt zum Opfer zu fallen. Ich ging dazu über, gleich bei Bestellung im Voraus zu bezahlen. Außerdem profitierte ich davon, zum Stammgast geworden zu sein. Ich nickte der Bedienung von Ferne zu und bekam das gleiche wie immer an den Platz gebracht. Das Geld schob ich beim Gehen großzügig aufgerundet einfach unter den Boden der Tassen oder Gläser. Aber auch diese Methode ging nicht lange gut. Setzten sich Menschen in meine Nähe, nur einen Tisch weiter, bekam ich plötzlich Bauchweh. Auch dann, wenn ich den Tag über nichts Verdächtiges oder nur sehr wenig gegessen hatte. Immer längere Zeiten verbrachte ich auf der Toilette, wo ich mich unter obszönen Geräuschen und fürchterlichem Gestank schmerzhaft entleerte.

»Warum gehst du nicht endlich zum Arzt?« fragte mich mein alter Kumpel Nick eines Abends, als wir zusammen in meinem Wohnzimmer auf dem Sofa herumhingen. Ich traute mich kaum noch, von meinen Erlebnissen zu erzählen. So war es mir beispielsweise den ganzen Abend gut gegangen, so lange ich allein in meiner Wohnung war, doch kaum war Nick aufgetaucht, hatte ich einen Druck auf der Brust. Wie konnte das sein? Er war einer meiner ältesten Freunde. Wir verstanden uns nach wie vor prächtig. Ich stand seufzend auf und ging zum Kühlschrank, um jedem von uns ein weiteres Bier zu holen.

»Ich gehe nicht zum Arzt«, sagte ich und reichte ihm dabei die geöffnete Flasche, »weil ich eine Theorie habe.«

»Aha«, sagte er. »Und wie lautet die?«

»Das kann ich dir noch nicht sagen. Ich möchte sie erst in der Praxis noch ein wenig auf den Prüfstand stellen.«

»Treib es nicht zu weit«, meinte Nick und nahm einen tiefen Schluck aus der Flasche. »Ich will dich nicht einweisen lassen müssen.« Ich nahm ebenfalls einen großen Schluck und schaute dabei zur Seite. Ob ich wollte oder nicht, wenn meine Theorie stimmte, dann betraf sie auch Nick.

In den nächsten Tagen ging ich viel spazieren. Bevorzugt am späteren Abend, wenn die Straßen leer waren. Vor den Schaufenstern blieb ich stehen, tat so, als würde ich mir die Auslagen ansehen, und wartete auf meine Probanten wie ein Verbrecher auf seine Opfer. Näherte sich ein Fußgänger, wandte ich mich vom Schaufenster ab und ging dem Passanten entgegen. Je näher ich dem anderen kam, umso stärker wurden die Symptome. Die Haut wurde sehr empfindlich und brannte, vergleichbar mit einem mittelschweren Sonnenbrand. Gleichzeitig nahm das flaue Gefühl im Magen zu. Waren mehrere Personen in der Nähe wurde mir regelrecht schlecht. Herzrasen und das Gefühl sofort auf die Toilette zu müssen, waren weitere Begleiterscheinungen dieser Begegnungen. Wenn ich dann mit aller Willenskraft und ohne mir etwas anmerken zu lassen auf gleicher Höhe mit einem Passanten war und an ihm vorüberging, so kam es zu einem Effekt, den ich von Magneten kannte. Es war, als müsste ich durch ein Kraftfeld laufen, dass meiner eigenen Polung entgegengesetzt war. Ich wurde körperlich abgestoßen, es kostete mich Mühe, auf dem Weg zu bleiben und nicht auf die Strasse zu rennen oder hinzufallen. Als schiebe mich jemand mit aller Kraft zur Seite. Nachdem sich diese Beobachtungen zweifelsfrei auf die immer gleiche Art und Weise wiederholten und auch alltägliche Dinge wie Einkaufen oder Straßenbahn fahren eindeutige Ergebnisse gezeigt hatten, ging ich zum Arzt. Ich setze ihm all meine Beobachtungen und Symptome auseinander und endete mit der These meiner Theorie: »… und all das lässt mich zu dem Schluss kommen, dass ich an einer Menschenallergie leide.« Ich blickte den Arzt an, der Arzt blickte mich an.

»Äh«, sagte der Arzt. Und die Art und Weise, wie er das sagte, ließ mir schon wieder ein flaues Gefühl im Magen entstehen. Und als er dann feststellte, dass es eine Menschenallergie nicht gebe und mich wegen psychosomatischer Beschwerden an einen Kollegen überweisen wollte, sagte ich: »Gute Idee. Danke.«

Zu Hause riss ich die Überweisung in Fetzen, kündigte meinen Arbeitsplatz schriftlich und rief meinen Schwager an, der einen großen Garten weit außerhalb der Stadt besaß.

Und genau dort lebe ich jetzt. In einer modernen Gartenhütte mit Heizmöglichkeit und Kaltwasseranschluss. Strom kommt aus einem Generator. Die Lebensmittel beziehe ich über einen Bringdienst. Die Wäsche wird auf die gleiche Weise abgeholt und versorgt. Meinen Lebensunterhalt verdiene ich mir mit dem Erstellen von Gebrauchsanweisungen und kleinen Übersetzungen. Außerdem montiere ich kistenweise Kugelschreiber zusammen. Kein Telefon, kein Fernsehen, kein Internet. Abends hocke ich vor meiner Hütte und trinke Bier, höre den Vögeln zu und genieße den Wind. Ich schlafe ganz hervorragend. Alle Beschwerden sind verschwunden. Anfangs bekam ich noch viel Besuch, aber er wurde schnell weniger. Am Gartentor hängt ein Schild: »Menschen verboten!«. Auf Rückfragen versichere ich allen Neugierigen: Es geht mir gut. Lasst mich einfach in Ruhe.

Schreit ihr um Hilfe? Ich kann euch nicht verstehen!

Goretzki, Paul fuhr zur Arbeit. Schon aus vierhundert Meter Entfernung konnte er erkennen, dass die Ampel für den Straßenverkehr auf Grün sprang. Trotzdem machten sich ein paar Grundschüler noch auf den Weg, die Strasse zu überqueren. Einer aus der Gruppe zeigte noch auf das rote Ampelmännchen, offenbar lachten sie. Man konnte ihre Brustbeutel über den Pullis hängen sehen. Ein paar von Ihnen hatten Schildmützen auf. Die Schulranzen wirkten auf den kleinen Rücken überdimensioniert groß. Die Kinder kamen sich überlegen vor, vertrauten darauf, dass niemand es wagen würde, sie zu ignorieren. Doch sie hatten die Rechnung ohne Goretzki, Paul gemacht. Er fuhr in gleichbleibender Geschwindigkeit auf die Gruppe zu. »Ich habe grün, ihr habt rot«, dachte er und »Wer nicht hören will, muss fühlen.« Die Kinder schrien auf, als der Wagen gefährlich nahe war. Sie machten einen großen Satz nach vorne, dabei kam sich die Gruppe selbst in de Quere. Es machte »ratsch« und der Seitenspiegel klappte um, weil er am Ranzen eines Kindes hängen geblieben war. Bei einem Blick in den Rückspiegel stellte Goretzki, Paul fest, dass er den Schüler nur zu Boden geworfen hatte. Die anderen Kinder gestikulierten jetzt wild, manche von Ihnen heulten. Er konnte nur ihre aufgerissenen Münder sehen. Goretzki, Paul dachte »Schreit Ihr um Hilfe? Ihr müsst lauter schreien. Ich kann euch nicht verstehen.«

Nachdenklich stieg er die Treppe zu seiner Praxis empor, schloss die Tür auf und setzte eine Kanne Kaffee auf. Nachdem er sich eine eigene Tasse eingegossen hatte, schüttete er etwas Abführmittel in die Kanne und begann sich umzuziehen. Er trug ein einfarbiges dunkles Hemd und einen gut geschnittenen Anzug, aber sein Arbeitsumfeld erforderte ein bestimmtes Auftreten. Wenig später blickte ihm aus dem Spiegel ein Mann in ausgewaschener Jeans entgegen. Er trug einen hellen Pulli, der eine Nummer zu groß war, und braune, nach vorne hin geschlossene Schuhe, die trotzdem augenfällig »gesund für den Fuß« waren. Allein seine Rasur war makellos frisch und korrekt. Er wirkte locker, aber bestimmt. Er kam durchschnittlich und normal rüber, strahlte aber das gewisse Etwas an Fachwissen und Erfahrung aus. Man sah an ihm das Weiche ohne an Schwäche zu denken. Er war das personifizierte Vertrauen, die Schulter, die einlud, sich anzulehnen.

Goretzki, Paul saß auf einem mit Stoff bezogenem Sofa und blickte zum Fenster hinaus, als es an der Tür klingelte. Er betätigte den Türöffner an der Wand ohne sich zu erheben und zählte die Schritte auf den Stufen des Treppenhauses mit. Die Praxistür wurde aufgedrückt, jemand entledigte sich unter Keuchen seiner Jacke und trat schließlich in das offene Zimmer.

»Entschuldigung«, sagte Hr. Winkelmann. »Ich bin zu spät.«

»Die Stunde muss ich ihnen aber trotzdem komplett abrechnen. Schon aus Prinzip.«

Hr. Winkelmann ließ sich in das gegenüberliegende Sofa fallen und atmete tief durch.

»Ja, ist klar. Ist ja auch meine Schuld.«

»Kaffee?« fragte Goretzki, Paul.

In den nächsten zwanzig Minuten rekapitulierte Hr. Winkelmann die vergangene Woche. Sein Redefluss wurde nur von dem ein oder anderen Schluck aus der Kaffeetasse unterbrochen. Goretzki, Paul langweilte sich zu Tode. Wenn man einmal das Wesen oder den Kern des Problems verstanden hatte, unter dem der Betroffene zu leiden vorgab, dann gab es nur noch wechselnde Kulissen, die ohne Belang waren. Ungefähr so, als hätte man tausend Actionfilme gesehen. Beim 1001 Film hat man das Prinzip verstanden, ganz egal ob der Film im alten Ägypten, auf dem Mars oder in Vietnam spielt. Man kann sich darauf verlassen, dass es einen Helden gibt, der sich durchbeißen muss. Hinzu kommen der oder die Gegenspieler. Das Epos wird garniert mit einer mehr oder weniger vagen Liebesgeschichte. Und natürlich Explosionen, Gewaltexzesse und Verfolgungsjagden, während sich das Erzähltempo permanent steigert. Das alles durfte nicht zu tiefsinnig sein, auch selbstironische Brechungen waren nur bis zu einem geringen Maß erlaubt. Hr. Winkelmanns Leben war kein Actionfilm, sondern eine B-Movie Drama. Unglaubwürdige Darsteller, schlechte Dialoge, und eine unlogische Episode reihte sich an die nächste, aber das Prinzip schrie einem laut und deutlich entgegen:

»Die Welt ist schlecht, ich bin ein armes Würstchen, meine Frau betrügt mich – Ich fühle mich minderwertig.«

»Entschuldigung«, sagte Hr. Winkelmann. »Ich muss kurz auf die Toilette.«

»Hm-mh.«

Goretzki, Paul blickte verdrießlich nach draußen. Ohne die erzwungenen Pausen glaubte er das Gerede seiner Patienten kaum noch aushalten zu können. Aber der wahre Grund für seine schlechte Stimmung in letzter Zeit war die Erkenntnis über sein eigenes Muster. Niemand war frei davon. Es galt sie zu erkennen und dann zu ändern. Das erste war manchmal schon ziemlich schwierig, und leider folgte der zweite Schritt nicht automatisch. Er kostete Kraft und forderte Konsequenz. Hr. Winkelmann kam zurück und wollte nahtlos an seinen unterbrochenen Wortschwall anknüpfen, aber Goretzki, Paul fiel ihm ins Wort.

»Hr. Winkelmann, das geht so nicht weiter. Sie sollten sich langsam überlegen, konkrete Schritte zu unternehmen. Ihre Frau betrügt Sie, das ist bedauerlich, aber haben Sie schon mal überlegt, ob die Frau das ganze Theater überhaupt wert ist? Sie haben keine Kinder, keine gemeinsamen Schulden wegen eines Hauses oder ähnlichem und Sie haben eigene Freunde. Warum verlassen Sie ihre Frau nicht ganz einfach?«

»Aber ich liebe sie!«

»Das behaupten Sie jetzt doch bloß. Streng genommen schreit das Verhalten ihrer Frau nach einer ordentlichen Tracht Prügel. Schon mal daran gedacht?«

Hr. Winkelmann blickte irritiert. »Äh, Sie meinen, ich soll meine Frau schlagen, und damit ist das Problem gelöst?«

»Genau.«

»Also, ich weiß nicht. Ist das ein Trick von Ihnen?«

»Hr. Winkelmann, Ihr Problem löst sich nicht von selbst. Ich kann Ihnen konkrete Handlungen nicht abnehmen. Das müssen schon Sie erledigen.«

»Aber Gewalt kann doch keine Lösung sein.«

»Manchmal schon. Ich schlage vor, Sie probieren es einfach mal und nächste Woche sprechen wir darüber, wie es funktioniert hat.«

»Entschuldigung, ich muss noch mal aufs Klo.«

Eine halbe Stunde später blickte Goretzki, Paul auf die übergroßen Tränensäcke im Gesicht des Hr. Rufus. Der Mann war Pfleger in einem katholischen Heim für geistig behinderte Menschen. Es war offensichtlich, dass er sein Leben hasste. Jedes kleine Kind hätte ihm das auf Anhieb sagen können. Doch anstatt einfach alles hinzuschmeißen und als

Elektriker oder bei der Müllabfuhr zu arbeiten, hatte sich Hr. Rufus für die Luxusvariante der Wohlstandsgesellschaft entschieden: Depressionen. Dabei waren es vermutlich nicht einmal echte. Hr. Rufus hielt sich insgeheim für unersetzlich. Doch für seine Aufopferung bekam er zu wenig Anerkennung. Deswegen jetzt die Masche mit der psychischen Erkrankung. Es ging schlicht um Aufmerksamkeit.

»Kaffee?« fragte Goretzki, Paul und goss seinem Gegenüber eine Tasse ein ohne die Antwort abzuwarten. Hr. Rufus begann das Gespräch mit seinem wachsenden Unbehagen gegenüber behinderten Menschen. Er habe keine Lust mehr, erwachsenen Menschen Fragen zu beantworten wie: Wo wohnt der Weihnachtsmann und kommt er auch dieses Jahr? Und die permanent gute Laune, diese Unbekümmertheit kotze ihn langsam an. Und warum mussten die Angehörigen ihren Kindern stets so geschmacklose Klamotten anziehen?

»Hr. Rufus, warum wechseln Sie nicht einfach ihren Beruf?«

»Aber wer kümmert sich dann um die Behinderten?«

»Das kann Ihnen doch egal sein.«

»Aber ich sehe es als Teil meines gelebten Glaubens an, mich um hilflose Menschen zu kümmern.«

»So, Sie beschweren sich also über die Fragen nach dem Weihnachtsmann, glauben aber selbst an ein Geisterwesen namens Gott? Ich bitte Sie. Sie sind doch ein erwachsener Mann.«

»Aber an irgendwas muss man doch glauben.«

»Sagt wer?«

Im Laufe der Sitzung kam Hr. Rufus darauf zu sprechen, dass er ein neues Rezept mit Antidepressiva brauche. Seine Medikamente seien beinahe restlos aufgebraucht. Das brachte Goretzki, Paul auf eine Idee. »Ich werde Ihnen diesmal kein neues Rezept ausstellen. Sie machen auf mich einen stabilen

Eindruck. Und genau aus diesem Grund sehen wir uns auch nicht nächste Woche wieder, sondern erst in vier.«

Der Körper brauchte etwa vierzehn Tage, bis die angestauten Wirkstoffe abgebaut waren. Hr. Rufus hatte bereits einen halbgaren Suizidversuch hinter sich. Vielleicht hatte sich in vier Wochen das ganze Problem von allein gelöst.

»Ja, aber meine Medizin …«

»Wissen Sie was? Manchmal ist das Leben an sich die beste Medizin.« Darauf wusste sein Gegenüber nichts zu sagen. »Schönen Tag noch«, murmelte Goretzki, Paul, während er zusah, wie Hr. Rufus mit hängenden Schulter die Stufen hinab schlich.

Den restlichen Vormittag über gaben sich eine frustrierte Grundschullehrerin, ein Mann, der vor kurzem eine tödliche Krankheit diagnostiziert bekommen hatte, und ein Jugendlicher mit einer Bewährungsstrafe die Klinke in die Hand. Dann endlich war Mittagspause. Goretzki, Paul zog wieder sein sauberes Hemd und den Anzug an. Er schlenderte durch die kleine Einkaufspassage in der Nähe seiner Praxis. Nach dem Mittagessen bei einem All-you-can-eat Asiaten sah er einen mobilen Eiswagen auf dem Bürgersteig stehen und reihte sich in die Schlange der Wartenden ein. Gerade als er seine Erdbeer-Vanille-Waffel in die Hand gedruckt bekam, bemerkte er einen Druck am linken Bein. Ein kleiner, wuscheliger Hund schnupperte an seiner Schuhspitze. Goretzki, Paul ging einen Schritt zu Seite, holte aus und trat den Hund mit voller Wucht in die Seite. Das Tier machte einen Satz, krümmte sich zusammen und jaulte herzzerreißend. Hinter ihm in der Schlange machte sich Gemurmel breit, der Verkäufer starrte ungläubig auf das gebotene Schauspiel. Goretzki, Paul schleckte an seinem Eis. Eine junge Frau, die ein Schaufenster studiert hatte, wendete den Kopf und eilte herbei. Sie redete auf den Hund ein und nahm ihn auf den Arm, dann blickte sie mit finsterem Gesicht in die Runde. »Was ist hier passiert?«

»Ihr Hund ist nicht angeleint. Wir sind hier nicht auf der Spielwiese«, sagte Goretzki.

»Den Hund«, fauchte die junge Frau, »den braucht macht nicht anzuleinen, der tut nämlich niemandem was.«

»Stimmt«, sagte Goretzki. »Aber ich. Wäre der Hund angeleint und bei Ihnen gewesen ...«

Der jungen Frau entfuhr eine Tirade an Flüchen und Beschimpfungen, die kein Ende nehmen wollten.

»Soviel Hass, soviel Hass«, murmelte Goretzki und schleckte an seinem Eis. »Sie sollten mal zum Psychologen gehen.« Der Nachmittag versprach etwas erfreulicher zu werden.

In seiner Praxis wusch sich Goretzki die klebrigen Finger, und bei dieser Gelegenheit auch gleich den Schwanz. Die Frau, die wenig später an der Tür klingelte, trug keinen BH. Die Nippel ihrer wohlgeformten Brüste stachen neugierig unter dem dünnen Stoff des T-Shirt hervor.

»Hallo« sagte sie.

»Guten Tag, Frau Winkelmann«, sagte Goretzki. »Sie ziehen sich am besten gleich aus.« Ursprünglich war sie gekommen, um sich über ihre Ehe auszuheulen. Ihr Mann arbeitete so viel, schenkte ihr zu wenig Beachtung. Möglicherweise ging er fremd. Der Verdacht stellte sich als unbegründet heraus. Hr. Winkelmann brauchte die berufliche Anerkennung, um seine Minderwertigkeitsgefühle und eine innere Leere zu überspielen. Dafür ging jetzt Fr. Winkelmann fremd, um so die Aufmerksamkeit ihres Mannes zurückzubekommen. »Wenn die Menschen nur einmal rückhaltlos offen und ehrlich miteinander sprechen könnten«, dachte Goretzki, »dann wäre ich so gut wie arbeitslos.« Konsequenterweise wurde seit einiger Zeit in der Stunde auch nicht mehr gesprochen, sondern bloß noch gefickt. Und zwar nicht mal schlecht. »Endlich jemand, der weiß, was er will, und das auch in der Praxis umsetzt«, dachte Goretzki. Dass ihr Mann ausgerechnet an ihn geraten musste, war im übrigen Fr. Winkelmann anzurechnen. Sie erhoffte sich auf diese Weise mehr Information über sein Innenleben und damit letztendlich Macht und Kontrollmöglichkeiten.

»Wie geht's ihm?« fragte Fr. Winkelmann nach einer Stunde, während sie ihre Unterhose auf dem Boden suchte.

»Ganz gut«, sagte Goretzki und schmiss das vollgerotzte Kondom aus dem Fenster auf den Kinderspielplatz. »Ich konnte ihm ein paar praktische Ratschläge für den Alltag mitgeben.«

»Schön«, sagte Fr. Winkelmann.

Nachdem er wieder allein war ging Goretzki daran, die folgenden zwei Termine abzusagen. »Ein Notfall«, lautete die Begründung, und in Gedanken setzte er den Satz fort mit: »Ich muss ganz dringend schlafen.« Er lüftete das Gesprächszimmer gut durch, um den psychischen Müll, den all die Jammerlappen hier abgeladen hatten wieder loszuwerden. Dann ging er in sein privates Arbeitszimmer hinüber, in dem ein kleines Klappbett stand, und legte sich hin. Er hatte kaum zwanzig Minuten gedöst, als es an der Tür klingelte. Goretzki drehte sich entnervt auf die andere Seite und phantasierte von einem Baseballschläger, mit dem er sonntags durch die Straßen spazierte, um alles und jeden zu Brei zu schlagen. Gleich darauf klingelte es wieder. Goretzki schlug die Augen auf und starrte die Wand an, die kaum zehn Zentimeter vor seiner Nase begann. Jetzt wurde nicht nur geklingelt, sondern auch geklopft. Vehement. Was war los? Feuer? Bombendrohung?

Ein Klient konnte es nicht sein. Das Ruhebedürfnis begann einen kleinen Ringkampf mit der Neugier. Zumal es noch einmal klingelte. Doch das Ruhebedürfnis stellte der Neugier ein unsportliches Bein und gewann. Vor der Praxistür wurde es still. »Na also«, dachte Goretzki. »Aussitzen und leugnen. Wie in der Politik.« Er schloss die Augen und zog die Decke ein wenig höher, als es draußen plötzlich einen kleinen Knall gab und ein lautes Rattern und Brummen begann. Es gab einen Schlag gegen die Tür und ein schleifendes Geräusch. Goretzki riss die Augen wieder auf. Es dauerte zwei Sekunden, dann hatte er den Lärm zugeordnet. Motorsäge. Jemand sägte sich durch die Eingangstür. Er sprang hoch, verhedderte sich aber in seiner Tagesdecke, fiel hin, befreite sich wieder und hechtete auf den Flur. Das Türschloss war so gut wie ausgesägt, und von außen wurde mit Wucht gegen das Holz getreten. Die Tür flog auf, und im Rahmen stand ein großes Etwas mit orangenem Fell und verzerrter Fratze. »Heute keine Sprechstunde, du Affe!«, schrie Goretzki. Doch der Affenmensch trat durch den Rahmen und kam mit laufender Säge auf ihn zu. Mit langsamen Schritten wich dieser zurück, bis er in seinem Gesprächzimmer stand. Er fiel rückwärts auf sein Therapeutensofa. Mehr Rückzug war nicht drin. Der Affenmensch fläzte sich ihm gegenüber, die Glieder in offenbar müheloser Verrenkung angeordnet. Die Säge lief in Wartestellung. Es roch nach Benzin und angesengtem Holz. Dahinter meinte Goretzki den Gestank von Schweiß, Scheiße und nassem Fell auszumachen. Mit einem lauten Röcheln erstarb der Motor. Der Affenmensch legte die Säge neben sich auf das Sofa. Stille machte sich breit. Goretzki starrte auf das haarige Fell, die gebleckten Zähne, die großen Klauen. Der Affenmensch starrte zurück. Die Anspannung in der Luft war kaum noch auszuhalten.

»Die Bananen sind in der Küche«, sagte Goretzki. Doch der Affenmensch schaute ihn nur an. Die beiden fixierten sich gegenseitig, ohne dass ein Wort gesprochen wurde. Zehn Minuten, zwanzig Minuten. Goretzki sah aus den Augenwinkeln heraus, dass die Sonne schwächer wurde. Das Licht des Tages wanderte langsam weiter. Es würde Nacht werden und wieder Tag und wieder Nacht. Die Erde drehte sich unaufhörlich.

»Der Mensch«, sagte Goretzki schließlich, »ist eine Fehlkonstruktion, die sich selbst vermehren kann.« Der Affenmensch legte den Kopf schief. »Alles dreht sich nur um das grundlegende Bedürfnis wahrgenommen und geliebt zu werden.«

»Ugh«, machte der Affenmensch.

»Jede Fußballmannschaft, die ein Spiel verliert, bekommt heute psychologischen Beistand. Jeder Schüler, der eine drei anstatt einer zwei mit nach Hause bringt, muss in Behandlung, weil er die Niederlage nicht mehr angemessen verarbeiten kann.«

»Ugh« machte der Affenmensch.

»In jedem Gesicht, dass einem auf der Strasse begegnet, steht die immer gleiche Botschaft. Sie schreit einem geradezu entgegen: Bitte sag, dass ich ein toller Typ bin! Bitte gib zu, dass ich besser bin als du! Ich mache alles richtig, du liegst falsch! Meine Weltsicht ist die einzig wahre. Meine Werte sind Gold, deine sind Scheiße. Und wenn du das nicht zugibst, dann schlage ich dich zu Brei.«

»Hmph-Uargh«, machte der Affenmensch und kratzte sich am Bauch. Goretzki sah kleine schwarze Insekten auf den Boden fallen.

»In den Augen«, fuhr Goretzki fort, »kann ich die Hilferufe sehen: Bitte versteht mich! Ich will verstanden werden.

Jede Handlung im Leben dient nur dazu, sich die Bewunderung der anderen zu sichern. Schaut alle her, wie toll, wie lustig ich bin. Und gebt es zu, ihr beneidet mich. Mein Leben ist besser als deins.«

»Blubb-krrchzz.«

Hatte der Affenmensch da gerade gefurzt?

»Wenn man das einmal verstanden hat«, sagte Goretzki, Paul, »diesen Irrsinn bis auf den Grund durchschaut, dann bleibt nicht mehr viel zu tun, außer …«

»Ugh! Ugh!« brüllte der Affenmensch und sprang vom Sofa. Er hüpfte in großen Sprüngen aus dem Zimmer. Goretzki, Paul bückte sich nach der Säge und legte sie neben sich auf das Sofa. Gleich darauf kam der Affenmensch mit einer Banane aus der Küche zurück, schälte sie und stopfte sie genüsslich in sich hinein. Die Schale warf er Goretzki an den Kopf.

»Du blöder Affe«, sagte Goretzki, »dich interessiert das alles gar nicht, stimmt's?«

Der Affenmensch stoppte seine Kaubewegungen und blickte Goretzki mit vorgeschobenem Unterkiefer aus großen Augen an, in die man ein schlechtes Gewissen hineininterpretieren konnte, wenn man wollte.

»Du hast deine Sippschaft verlassen, bist aus dem Dschungel gekrochen und hast gelernt, dich unter Menschen zu bewegen«, fuhr Goretzki fort. »Für eine Sekunde hat ein Impuls der Erkenntnis durch deine Hirnwendungen Funken geschlagen und dich angetrieben. Du hast es geschafft, ein Flugzeug zu besteigen, bist durch die Welt gestolpert und hast dich umgeblickt.«

Der Affenmensch schluckte möglichst unauffällig den zerkauten Bananenbrei hinunter und schien Goreztki nun wortlos anzugrinsen.

»Doch du bist aus der Welt nicht schlau geworden. Du hast keine Antworten auf deine Fragen gefunden. Dann hat man dir von mir erzählt. Du weißt inzwischen, wie man seine Forderungen durchsetzt, wie man droht. Die Kettensäge liegt geschmeidig in deiner Hand. Du hast dir gewaltsam Zutritt zu meiner Praxis geschafft. Vermutlich bin ich nur einer von tausend angeblichen Gurus, die du bereits besucht hast.«

Der Affenmensch kratzte sich wieder am Bauch, schob die Unterlippe vor und gähnte.

»Jetzt habe ich dir eine Banane angeboten und du konntest nicht widerstehen. Der Funken, der dich aus dem Dschungel getrieben hat, ist längst vergessen. In deinem Hirn ist es einsam und dunkel. Aber zurück kannst du auch nicht mehr.« Goretzki schüttelte den Kopf.

»Du weißt nicht einmal, warum du heute hier bist. Du hast keinen Plan, was du eigentlich willst, stimmt's?«

Der Affenmensch starrte Goretzki an.

Goretzki starrte den Affenmensch an.

Spätes Glück Teil 2

Nick lief durch die engen Pflastersteingassen seiner Heimatstadt wie ein Tourist, der sich verlaufen hatte. An jeder Ecke drehte er sich um, an jeder Kreuzung blickte er zuerst in alle Richtungen, bevor er sich für eine Straße entscheiden konnte. Ganz so, als dürfe er keinen Fehler machen. Als könne ihm sonst die Witterung seiner Jugend verloren gehen, wie ihm die Jugend selbst längst verloren gegangen war.

Nach über neunzehn Jahren hatte ihn die Beerdigung eines nahen Verwandten zurück in Stadt gerufen. Der Lehm des Friedhofs klebte noch an seinen Schuhen. Von Unruhe gepackt hatte er weder Lust gehabt, noch die Verpflichtung gespürt, sich den anschließenden Kaffee unter Trauergästen zuzumuten. Verwandtschaft konnte man sich nicht aussuchen. Sie war ein notwendiges Übel. Zuerst war er nur vor die Gaststätte getreten, um in Ruhe einen Zigarillo zu rauchen. Er tat ein paar Schritte um das Haus, quer über den Parkplatz, und ehe er sich versehen hatte, war er losgelaufen. Und er hatte nicht die Absicht, noch einmal umzukehren. Jetzt prasselten Erinnerungen auf ihn ein, stiegen Empfindungen in ihm hoch, derer er sich kaum erwehren konnte.

Aus Nick war kein besonders herzlicher Mensch geworden. Von Sentimentalitäten hielt er nicht viel. Mitleid war seiner Meinung nach eine Sache für Arschlöcher, denn blankes Mitleid hat noch keinem Betroffenen geholfen. Seine Gefühle waren unter einem Panzer verborgen, der im Lauf seiner Kindheit und Jugend so hart geworden war, dass er den Zugang zu ihnen verloren hatte. So hatte er es gewollt, so war es gekommen. Instinktiv hatte er immer gewusst, dass dies die bessere Wahl gewesen war. Denn seine ursprüngliche Empfindsamkeit war so reichhaltiger und feinfühliger Natur gewesen, dass er früher oder später an ihr zugrunde gegangen wäre. Auf die Frage: »Wer kommt hier lebend raus? Du oder ich?« hatte es irgendwann in ihm immer lauter gebrüllt: »Ich! Ich! Ich!«

Überall war neu gebaut worden. In diesem Teil der Stadt kannte Nick sich kaum noch aus. Doch er wollte sehen, ob sich jenes Cafe noch finden ließ, in dem er früher so viel Zeit verbrachte hatte. Noch eine Straße und noch eine Ecke weiter und dann, tatsächlich: stand er davor. Der Name auf dem Schild war geändert worden. Um draußen zu sitzen war es leider zu kalt. Beim Eintreten bemerkte er, dass auch vom Innenleben des Ladens nichts mehr geblieben war. Umgebaut, saniert, renoviert. Alles neu.

Nick setzte sich mit dem Blick auf die Straße und bestellte einen Tee. Und um der alten Zeiten Willen einen doppelten Wodka.

Ein halbes Jahr nach dem Abitur war er zum Studium in den Norden der Republik gezogen. Da es die Freunde ebenfalls in alle Himmelsrichtungen trieb, der Vater tot und die Mutter zu ihrem neuen Mann in die Schweiz gezogen war, hatte es keinen Grund gegeben zurückzukehren. Alle Brücken abgebrochen. Das Nest, aus dem man gekrochen war, wie von der Landkarte getilgt. Doch dieses halbe Jahr Nichtstun zwischen Schule und Studium hatte es in sich gehabt.

Nick nahm den Teebeutel aus dem Glas und löste zwei Stück braunen Zucker darin auf. Während er das heiße Getränk in den Magen fließen spürte, wanderte sein Geist zurück in die Zeit als er Anfang zwanzig gewesen war. Nick und die anderen hatten sich für unbesiegbar gehalten. Der Weltschmerz war nichts weiter als eine Pose gewesen. Berauscht von der eigenen Kraft und begierig nach Abenteuer, machte man früher oder später zwangsläufig Fehler. Nick bereute nicht viel in seinem Leben. Fehler gehörten dazu. Von den wenigen Dingen, die er bereute, gab es noch weniger Geschehnisse, der er gerne komplett ungeschehen gemacht hätte. Eines davon hatte an diesem Ort vor knapp zwanzig Jahren seinen Lauf genommen.

Nick starrte vor sich auf den Tisch und spulte die Bilder ab, die sich in sein Gedächtnis eingebrannt hatten. Wiederholte für sich die Worte, die gewechselt worden waren. Und die Gefühle, die damit verbunden gewesen waren. Er hatte mit niemandem je darüber gesprochen.

Der Tee war nur zur Hälfte getrunken und kalt geworden. Entschlossen kippte er den Wodka hinunter, griff nach seinen Zigarillos. Nick schaute sich nach der weiblichen Bedienung um, während er mit einem Geldschein wedelte, und wusste: Sich einen Wunsch zu erfüllen garantiert nicht, dass die Erlösung, die man sich wie selbstverständlich davon versprochen hatte, auch tatsächlich eintreten wird.

230 / 120

Bitte, bitte bohrt mir ein Loch in den Kopf, damit mehr Welt in mich hineinströmen kann. Ich brauche mehr Welt in mir. Mehr Verständnis, mehr Bewusstsein, mehr Antworten. Was ich sehen, riechen, schmecken, hören und anfassen kann, reicht bei Weitem nicht aus. Meine Schläfen halten dem Druck kaum stand, mit dem das Blut durch meine Herzkammern presst.

Zweihundertdreißig zu hundertzwanzig. Ich stehe mitten in der Fußgängerzone und drehe mich mit ausgestreckten Armen im Kreis. Wie ein Idiot. Und ich frage mich, ob dieses Gefühl jemals ein Ende haben wird. Kasperle im Wunderland. Gary Larson for president. Die Gesichter der Menschen verschwimmen zu Fratzen, Werbebotschaften streifen mein Gehirn. Alle Farben zerfließen zu einem einzigen, großen Film, und durch den Lärmpegel aller Geräusche schwillt ein Funken Stille, der wächst bis zum hässlichen Pfeifen im Ohr. Ich wähne mich wie eine Muschel am Strand, umringt von Krebsen und Müll. Die Flut reisst mich mit, die Sonne brennt vom Himmel und langsam schaukelnd sinke ich auf dunklen Grund. Jemand greift mich am Arm und bringt mich zum stehen. Ein junger Inder nimmt meine Hand und will mir die Zukunft voraussagen. »Welche Zukunft?«, frage ich. Er lässt nicht locker, lächelt mich unentwegt an und ich fange an zu laufen.

Hundertachtzig zu hundertzehn. In meiner Phantasie knie ich auf dem schmutzigen Boden einer Lagerhalle in einem gesichtslosen Industriegebiet nahe dem Hafen. Zwei ältere Männer in blauen Overalls und Einmal-Handschuhen ziehen mir eine Schlinge um den Hals und fragen mich, ob ich bereit sei. Meine Hände sind auf dem Rücken zusammengebunden, und ich bringe kein Wort über die Lippen. Meine Kehle ist trocken. Mir fällt das Fernsehinterview mit einem alten Mann ein. Er lächelte unentwegt. Sein Leben sei überreich an Erfahrung gewesen. Er habe alles gesehen. Das einzige, was ihn jetzt noch interessiere, sei der Tod, sagte er. Wie gut musste sich das anfühlen. Wie gern würde ich mit ihm tauschen, denn auf meine Wünsche, meine Ängste trifft das mit Sicherheit nicht zu. Die Männer schrauben das Bohrfutter fest und setzen die Maschine an. Der Weg zur Schwerelosigkeit führt über geöffnete Schädeldecken. Hier kommt die Welt.

Hundertfünfzig zu hundert. Es waren einmal zwei weiße Laborratten, die schworen sich ewige Treue. Sie richteten sich in ihrem Käfig ein und lebten recht zufrieden zwischen Sägemehl und Wasserspender. Doch eines Tages ergab sich überraschend die Gelegenheit zur Flucht. »Lass uns hier abhauen«, sagte die eine Ratte. »Aber wozu denn?«, rief die andere fragend hinterher. »Es geht uns doch gut hier, oder?« So schlüpften sie beide durch einen kleinen Gang in die Grünanlage vor dem Institut. Es dauerte etwas, doch dann wurden sie immer mutiger und bewegten sich neugierig und verstört zugleich durch Gebüsch und Hecken. Die Freiheit währte gute drei Stunden, dann erblindete die erste Ratte durch Überreizung der Sinneswahrnehmung. Die zweite Ratte wurde von einer Steinschleuder getroffen und starb. Damit war der Versuch beendet. So ist das Leben. Keine Ahnung, was das soll.

Hundertzwanzig zu achtzig. Ich renne über Hauptverkehrsstrassen und träume davon, jemanden umzubringen. In der Nähe taucht ein Zeppelin zwischen den Hausdächern auf. Seine silberne Hülle macht sich gut am strahlend blauen Himmel. Ein paar Vögel lassen sich durch die Luft gleiten und begutachten den fremden Kollegen. Weiter. Im vierten Stock eines heruntergekommenen Hauses macht sich eine Frau mit zusammengebundenen Haaren daran, Wäsche auf dem Balkon aufzuhängen. Auf einem Bolzplatz verteilen ADS-gestörte Kinder reichlich Ritalin an ihre neugierigen Freunde. Weiter. Ein Kellner räumt Stühle und Tische vom Gehweg ins Innere des Cafés. Aus dem Radio verkündet eine unverständliche Stimme Stunde um Stunde die immer gleichen Neuigkeiten. Weiter. Autos rasen Stoßstange an Stoßstange die Straßen entlang. Hinter durchsichtigen Scheiben sitzen undurchsichtige Menschen und denken fremde Gedanken. Abgas ballt sich zu Rauchsäulen. Weiter. Vor einer Baustelle spielt die Ampel verrückt und gibt ohne jeden Rhythmus beliebige Signale. Discotime. Feierabend.

Hundert zu sechzig. Das biophysische System steht nicht zuletzt wegen der sommerlichen Hitze kurz vor dem Kollaps. Schweiß, Herzrasen, Atemnot. Ist das der Fluch, dass wir nie mit dem zufrieden sein können, was wir haben? Ist das die Wahl, die uns bleibt: Käfig oder Verderben? In wenigen Minuten bin ich um Jahre gealtert. Zuerst verlieren wir an Zuversicht, später dann Haare und Zähne. Meine Situation gleicht der eines Mannes inmitten einer Schneelawine, der sich hinstellt und schreit: »Aber ich bin gegen diese Lawine!« Es wird die Lawine nicht aufhalten. Ich werde langsamer und immer noch langsamer. Die Füße setzen Schritt um Schritt auf weichen Untergrund. Vielleicht sind es aber auch nur die Knie, die hier verrückt spielen und nachgeben. Ich wate durch Wolkenberge aus Vanillepudding und lasse mich in der Grünanlage unter einen Baum fallen. Wie ich so daliege kann ich es spüren, dass sich die Erde dreht. In einiger Entfernung laufen zwei junge Männer vorbei. Ich nenne sie Timo und Mirco. Männer, Frauen, Paare. All diese Zutaten meiner Imagination werden aufgetaut und roh in die Pfanne geklatscht. Darüber eine Soße aus Alkohol und Drogen. Die Zensur meines Lebens lautet:

Leben – mangelhaft

Fiktion – ausreichend

Mehr habe ich nicht zu bieten.

Ein Pärchen mit zwei Kindern und Hund spaziert in der Sonne vorbei. Schwer zu sagen, ob sie glücklich aussehen. Aber ausschließen lässt es sich nicht. Der Hund kommt immer näher und schaut mich seltsam an. Vielleicht kannten wir uns aus der Zeit vor seiner Wiedergeburt. Schließlich reckt er die feuchte Schnauze in die Höhe, wartet einen Augenblick und dreht ab. Jetzt fällt es mir wieder ein. »Du schuldest mir noch Geld«, rufe ich hinter ihm her. Aber er kann mich nicht mehr hören.

Siebzig zu dreißig. Mikrokosmos. Paralleluniversum. Ameisen krabbeln durch das hohe Gras. Eintagsfliegen bevölkern die Abendstimmung, und ich erwache aus einem leichten Dämmerschlaf. Ein Käfer läuft über einen dicken Ast. Als ich ihn vorsichtig mit einem Blatt anstupse, fällt er um und stellt sich tot. Kleiner Schwindler. Es wird langsam Zeit, zu einem Ende zu kommen.

Null zu Null. Mit einem rostigen Dosenöffner schlitze ich mir den Brustkorb auf. Wie ein frisch geschlüpfter Vogel schaut mein Herz neugierig in die Welt. Langsam, ganz langsam erhebt es sich und beginnt zu schweben. Für einen Augenblick nur … denke ich an dich. Mein Herz gleitet nach oben und dreht sich und fliegt und schwebt und lebt und wird kleiner und kleiner und kleiner …

Adidas

Thorsten zog leise die Wohnungstür hinter sich zu und ging im Dunkeln das Treppenhaus hinunter. Im ersten Stock angekommen, drückte er seine Nase gegen die Fensterscheibe, die augenblicklich wegen seines Atems beschlug. Die gelblich-fahlen Laternen in ihrer Drahtseilbespannung schaukelten über der Strasse leicht hin und her. Der Regen schlug in länglichen Tropfen gegen das Glas. Es war ein kalter Montagabend im Herbst.

Auf der Straße vor dem Haus blickte Thorsten noch einmal zum Fenster in den dritten Stock hinauf. Dort stand Lena zwischen den auseinander geschobenen Vorhängen und winkte. Er konnte wegen der Lichtverhältnisse im Zimmer nur ihre Umrisse sehen. Lena selbst war kaum mehr als ein schwarzer Schatten. Doch das reichte, um seinen Puls zu beschleunigen. Laut pochte sein Herz von innen gegen den Brustkorb. Sofort war da wieder die Gewissheit: Lena war die Welt, in die er sich fallen lassen konnte. Lena war weich und warm und sanft. Sie umschlang ihn mit ihren Armen und Beinen, und ihm war, als sei er dann ein anderer. Jemand, von dem er nichts wissen konnte und der sich im Verborgenen aufhielt. Nichts konnte diesen Zustand wirklich treffend beschreiben. Jedenfalls dann nicht, wenn man kurz vor seinem sechzehnten Geburtstag stand und seit drei Wochen Lena kannte. Thorsten trug seine Knutschflecke wie Ehrenabzeichen. An diesem Abend war seine Nase mehrmals im Weg gewesen, und morgen würde er wieder Muskelkater in der Zunge haben. Doch das war egal. Er hob die Hand und winkte zurück.

Nach ein paar Schritten schaute er sich noch einmal um. Doch das Fenster war nun durch einen Rollladen versiegelt, und Thorsten war allein mit sich selbst. Die geschlossenen Geschäfte mit ihren beleuchteten Schaufenstern, die parkenden Autos am Straßenrand, die zugeschobenen Gitter vor den Ausfahrten, alles wirkte wie ausgekehrt und aufgeräumt. Kein Mensch ging freiwillig bei diesem Wetter auf die Straße. Nicht um diese Uhrzeit an einem Montagabend. Morgens wollte es kaum hell werden, den Tag über blieb alles in grauen Lichtverhältnissen stecken, abends fiel die Dunkelheit über die Stadt wie die Decke über einen Toten. Thorsten spürte kaum den kühlen Nieselregen, dem er ungeschützt ausgesetzt war. Mechanisch zog er den Jackenkragen so weit wie möglich nach oben, vergrub darin die untere Hälfte seines Gesichtes und nahm den Weg zur Straßenbahnhaltestelle. Im Grunde war es schon wieder viel zu spät geworden. Morgen musste er in die Schule, und seinen Eltern hatte er versprochen, allerspätestens um Mitternacht zu Hause zu sein. Schon jetzt war es fast halb eins, und bis er im heimischen Flur die Tür hinter sich schließen konnte, würden sicherlich noch einmal dreißig Minuten vergehen. Er wollte keinen unnötigen Ärger provozieren, doch an den Abenden in Lenas Zimmer glich die Zeit einer handvoll Sand, der unbemerkt durch die Finger rieselte. Damit das auch so blieb, hatte er vorsorglich sein Mobiltelefon ausgeschaltet. Wer wollte schon den Anruf einer besorgten Mutter oder eines ärgerlichen Vaters entgegen nehmen müssen, wenn die eigenen Hände gerade auf Entdeckungsreise waren? Ihm schwirrte jetzt noch der Kopf, und er fühlte sich wie nach einer Achterbahnfahrt – aufgekratzt und leicht geschwächt zugleich. Erst die Kälte holte ihn Schritt für Schritt auf den Boden der Tatsachen zurück.

An der Straßenbahnhaltestelle schaute er kurz auf den Fahrplan, obwohl er alle Verbindungen längst auswendig kannte, und setzte sich dann auf das Geländer, das den Bahnsteig von der Straße hinter ihm trennte. Die Uhr an der Haltestelle gegenüber hatte einen Sekundenzeiger, der mit einem summenden Geräusch unermüdlich seine Runden drehte. Zwischen Uhrengehäuse und dem zugehörigen Masten fiel ein großes Spinnennetz ins Auge, das von den Regentropfen, die sich an den einzelnen Fäden klammerten, hell und silbern glänzte. Ansonsten wurde die Umgebung durch die zwei etwas verloren wirkenden Laternen in gelbliches Licht getaucht. Thorsten spuckte eine Ladung in hohem Bogen auf die Gleise. Bis auf das Summen der Uhr war es totenstill.

Die Haltestelle lag am Rand eines Wohnviertels, in einiger Entfernung begann das Industriegebiet. Früher am Abend nutzten die Hundebesitzer die restlichen Grünflächen, die hinter der Straße begannen, aber auch für diesen Menschenschlag war es bereits viel zu spät. In Thorstens Kopf wurden Bilder von Lena und des gemeinsam verbrachten Abends langsam von anderen Gedanken abgelöst. Er hoffte, keine handgeschriebenen Mahnzettel an seiner Zimmertür vorzufinden und plötzlich bekam er auch das Loch in seinem Magen zu spüren. Hatte er heute überhaupt schon etwas Vernünftiges gegessen? Vielleicht fand er noch einen Joghurt im Kühlschrank, andernfalls würde er sich mit einer Tafel Schokolade begnügen müssen, die in seinem Zimmer lag. Die Uhr gegenüber versprach das Eintreffen der Bahn in vier Minuten. Er kramte in seiner Jacke nach den Kopfhörern und stöpselte sie in das Telefon ein, um Musik zu hören. Die Lautstärke überrumpelte ihn kurz und fühlte sich unangenehm an. Hatte er auf der Hinfahrt tatsächlich so laut Musik gehört? Er zog den Regler etwas nach unten. Normalerweise war laute Musik der perfekte Schutzwall gegen die übrigen Menschen in der Bahn. Thorsten wollte ihre Gespräche nicht mit anhören müssen, und wenn alle schwiegen, wollte er ihre verkniffenen, müden, mürrischen Gesichter nicht sehen. Außerdem konnte er es nicht leiden, die laute Musik von anderen mitanzuhören, die ebenfalls ihre Kopfhörer eingestöpselt hatten. Dagegen half nur die Flucht nach vorne, in dem man seine Ohren in Eigenregie abschottete. Überhaupt würde er so bald wie möglich den Führerschein machen, um diesen elenden öffentlichen Verkehrsmitteln zu entkommen. In ihnen roch es oft seltsam, zu den Hauptverkehrszeiten waren sie zu voll, kaum fiel etwas Schnee, war auf die Fahrzeiten kein Verlass mehr. Im letzten Sommer, der etwas heißer als gewöhnlich geraten war, brachen plötzlich die Weichensysteme zusammen, weil sich unter der Hitze das Gleismaterial überraschend weit dehnte. Außerdem konnte man als Besitzer eines eigenen Wagens den Frauen anbieten, sie nach Hause zu fahren. Und das war, wie er von einem älteren Freund wusste, ein unbestreitbarer Vorteil, den man weidlich nutzen konnte. Was dieser ältere Freund ihm allerdings verschwiegen hatte, war der Umstand, dass man als Fahranfänger mangels eigener Kohle oftmals erst nach nervenzerüttender Diskussion Vatis Wagen geliehen bekam. In diesen wurde dann bereits auf der Hinfahrt zur Party von irgendeinem Idioten hineingekotzt, während man selbst den ganzen Abend nichts trinken durfte. In solch einem Wagen wollte in der Regel niemand mehr nach Hause gefahren werden, nicht einmal Lydia Luder von schräg gegenüber. Man hatte ja selbst kaum Lust, noch einmal in die Karre zu steigen, von dem Ärger am nächsten Tag ganz abgesehen. Doch davon konnte Thorsten noch nichts wissen, und hätte man ihm angeboten, einen Blick in die Zukunft zu werfen, so hätte er es auch gar nicht wissen wollen oder hätte geglaubt, bei ihm würde es bestimmt anders laufen. Wichtig waren derzeit nur Lena und das Vorhaben, den Führerschein zu machen. Denn diese beiden Fixpunkte gaben ihm das Gefühl, jemand zu sein, der ein eigenes Leben führte.

Thorsten wurde durch eine Bewegung, die er nur am Rande wahrnahm, von seinen Gedanken abgelenkt. Ein Schatten war unter der Überdachung der Haltestelle aufgetaucht. Er konnte wegen der gegebenen Lichtverhältnisse nur eine dunkle, schlanke Gestalt sehen, die einen Kapuzenpulli, Jeans und Turnschuhe trug. Das war der einzige Nachteil an den Kopfhörern. Man musste sich hin und wieder mit unliebsamen Überraschungen arrangieren. Plötzlich hatte man einen Hund am Bein, jemand rammte einem von hinten einen Kinderwagen in die Fersen oder tippte einem von der Seite auf die Schulter. Früher oder später schob sich die Welt immer zwanghaft in den eigenen, künstlich geschaffenen Mikrokosmos.

Die Uhr auf der anderen Seite gewährte noch drei Minuten bis die Bahn einfahren sollte. Thorsten begann, unruhig mit den Beinen zu wippen. Die Kälte und der Nieselregen wurden langsam ärgerlich. Die Hosen begannen an den Knien zu kleben. Er versuchte, sein Gesicht noch tiefer in den Jackenkragen zu stecken, aber die Nase stieß bereits gegen den Stoff. Lena war jetzt bestimmt schon im Tiefschlaf. Ob sie wohl von ihm träumte? Und träumte er von Lena? Wäre er gefragt worden, hätte er aus Stolz sofort mit »ja« geantwortet, aber ganz sicher war er sich nicht. Plötzlich musste Thorsten gähnen, und vor seinem Mund bildete sich der Kälte wegen eine kleine Wolke. Neben ihm tauchte ein Schatten auf, dann spürte er einen Schlag gegen den Kopf. Thorsten war völlig erstaunt. Er spürte keinen Schmerz, sein Körper leistete keinen Widerstand. Er sackte nach vorne vom Geländer und fühlte sich wie ein nasses Handtuch. »Was ist los?« dachte er. Dann spürte er, wie ihm unter die Arme gegriffen wurde. Thorsten wollte etwas sagen, aber er konnte nicht. Plötzlich explodierte sein Schädel, und ihm wurde schlecht. Er registrierte, dass er mit dem Blick nach unten über den Boden gezogen wurde. Er konnte das Muster der einzelnen Betonziegel erkennen, und dazwischen tauchten immer wieder die Spitzen der weißen Turnschuhe auf. Die Musik dröhnte in seinen Ohren. Alles war plötzlich viel zu laut. Thorsten wünschte sich, dass das ganze jetzt einfach aufhören sollte. Gleich würde er sich übergeben müssen. Als er schließlich über die Straße geschleift wurde, vor seinen Augen wechselte der Belag, seine Füße rutschten über den Bordstein, erkannte er sogar das Modell der Turnschuhe. Sie waren von Adidas, erst seit wenigen Wochen auf dem Markt und vor allem sehr teuer. Mit etwas Glück würde er sie zu seinem nächsten Geburtstag bekommen. Jeder in seiner Schule hätte mit diesen Schuhen an den Füßen das gewisse Etwas an Souveränität gewonnen. Es war wichtig, als einer der ersten mit ihnen aufzutauchen. Alle wollte diese Schuhe, auch Thorsten.

Das Ziehen in seinem Kopf nahm zu und wurde zum Stechen. Er kotzte einen leichten, klebrigen Schwall aus sich heraus. Doch anstatt einfach auf die Straße zu tropfen, lief ihm das Zeug am Hals hinunter und in die Jacke hinein. Das ganze sollte jetzt aufhören. Thorsten wollte nicht mehr. Ihm war schwindelig. Alles drehte sich.

Als er wieder zu sich kam, spürte er, wie er zwischen nasses Laub und Gestrüpp auf die kalte Erde gelegt wurde. Die Musik brüllte immer noch in seinen Ohren. Die Beats, die er hören konnte, mischten sich auf seltsame Art mit dem Rhythmus seines Pulses, der in seinem Schädel pochte. Es konnten nur wenige Augenblicke gewesen sein, in denen er weggetreten war, denn von hier aus konnte er über die Straße und den Bahnsteig sehen. Die Uhr zeigte noch zwei Minuten bis zum Eintreffen der Bahn. Immer noch zwei Minuten, dachte Thorsten, und er konnte diese Gewissheit in sich spüren, dass er in die Bahn einsteigen und damit nach Hause fahren würde. Erst als er sich dieser Gewissheit bewusst wurde, leuchtete ihm die Absurdität dieses Gedankens wie ein glühend heißes Eisen tief ins Gehirn. Und diese glühende Hitze durchfuhr ihn noch einmal, ein Stechen, ein Schlitzen, ein gewaltsames Eindringen, diesmal auf der Höhe seines Beckens, ungefähr dort, wo die Nieren liegen mussten. Und dann noch einmal auf der linken Seite seines Brustkorbs. Die Kopfhörer wurden aus seinen Ohren gerissen, plötzlich war alles wie in Watte gehüllt. Thorsten spürte, wie sein Telefon und sein Geldbeutel aus den Taschen gezogen wurden. Er roch das Laub und spürte eine große Hitze in sich aufsteigen, dabei war es doch eben noch so kalt gewesen. Sein Herz trommelte wie ein Wahnsinniger gegen die Mauern der psychiatrischen Anstalt. Und dann war auch der Regen wieder da und die Feuchtigkeit unter seiner Jacke, unter seinem Pulli, unter seinem T-Shirt, direkt auf seiner Haut. Ein kehliger Laut entfuhr Thorstens halbgeöffnetem Mund. Es war der Laut eines Tieres. Thorsten realisierte nicht, dass er aus ihm selbst emporgestiegen war. Sein Gesichtsfeld verdunkelte sich, und er sah die Kapuzenjacke über sich. Er starrte in die Kapuze, doch da war nichts. Unter der Kapuze war alles komplett schwarz. Keine Augen, kein Atmen, kein Geräusch. Thorsten war, als Blicke er in einen Abgrund ohne Boden. In ein tiefes Loch, das im Begriff war, alles zu verschlingen, was sein Bewusstsein begreifen konnte. Lena war in diesem Loch, seine Eltern waren in diesem Loch, seine Schule, seine Freunde, seine Zukunft. Dieses Loch war genau all das, was Thorsten nicht war und nie sein wollte. Thorsten selbst wurde von diesem Loch aufgesogen. Er kippte einfach über den Rand und fiel nach unten.

Als er die Augenlider wieder einen Spalt öffnete, sah er die Straßenbahn einfahren. Keine zwanzig Meter Luftlinie entfernt kam die Bahn zum Stehen, und die Türen öffneten sich mit einem vertrauten Geräusch. Thorsten erkannte die Gestalt, die jetzt das Innere der Bahn betrat an ihren weißen Turnschuhen. Die Türen schlossen sich, die Bahn fuhr an und verschwand in der Nacht. Vereinzelt waren Schritte über den Asphalt zu hören. Jemand musste ausgestiegen sein. Doch die Schritte entfernten sich rasch, dann war alles still. Thorsten spürte einen leichten Windzug in seinem Gesicht. Noch einmal drückte etwas Saures mit aller Gewalt aus seinem Magen die Speiseröhre nach oben. Er konnte seine Arme und Beine nicht mehr spüren, was ihn wunderte. Was war dieser Rumpf mit tentakelartigen Fortsätzen? Dieses zerstochene, wunde Fleisch. Was war das? Tränen liefen über seine Wangen. Was ist?, dachte Thorsten. Was soll denn sein? Den Wagen, der ein paar Minuten später auf der Straße entlang fuhr, konnte er schon nicht mehr hören.

Tote Katze in dein Gesicht, kleines Mädchen!

Die bunten Scheinwerfer an der Decke rotieren so wild wie möglich. Aus den Boxen dröhnt das kreischende Feedback einer unglaublich verzerrten Gitarre. Letzte Pyroeffekte werden erfolgreich abgefackelt, und nur langsam verliert der Kunstnebel an Dichte. Die anderen Jungs schreiten gemächlich zum Bühnenrand, winken kurz in die tobende Meute und verschwinden dann in den geheimnisvollen Bereich hinter die Bühne. Zu spät wird mir klar, dass ich im dichten Nebel mal wieder die Richtung verwechselt habe. Orientierungslos komme ich vor einer Betonwand zum stehen. Glücklicherweise kann ich die Situation retten, indem ich an Ort und Stelle meine Blase erleichtere, was von den Fans als letzter Showeffekt verstanden wird. Von hier oben kann ich sehen, dass die ersten bereits meinem Beispiel folgen.

In der Umkleidekabine stelle ich fest, dass Karl-Heinz und Dölle schon die Dusche in Beschlag genommen haben. Mir klebt der Schweiß am ganzen Körper. Die ausgeliehenen, viel zu großen Lederklamotten stinken schon seit Beginn der Tour. Ich hole mir einen Orangensaft aus dem Kühlschrank und lasse mich auf das verratzte Sofa fallen. Die Uhr an der Wand zeigt kurz nach halb eins. Endlich Feierabend. Plötzlich platzt Ralle, unser Manager, in den Raum und blickt sich hektisch um.

»Achtung! Groupies im Anmarsch! Mensch Ingo ...«

Er reißt mir den Orangensaft aus den Händen und drückt mir eine Bierdose in die Hand. Unser Schlagzeuger, Uwe (41), ist auf seinem Stuhl bereits eingeschlafen und wird von Ralle unsanft zurück ins Leben geohrfeigt. »Jetzt reißt euch mal zusammen, Jungs.« Und dann kommen auch schon die

Mädels. Alle drei um die zwanzig und ziemlich neben der Kappe. Jede einzelne von ihnen hat mit Sicherheit mehr gesoffen als wir zusammen. Eine stürzt sich sofort auf Uwe und fummelt an seinem Schritt herum. Der ist noch gar nicht richtig wach und wird richtig ärgerlich. »Sag mal, was soll denn der Scheiß?« Die junge Frau rülpst ihm als Antwort ins Gesicht. »Euer Manager hat gesagt, wir sollen das machen.«

»Ja, machen, aber nicht drüber reden«, schreit Ralle.

Die beiden anderen Mädels kümmern sich um mich. Eine hockt sich auf meinen Schoß und beginnt ihre Cowboystiefel abzustreifen. Sofort riecht der ganze Raum irgendwie muffig. Die andere zieht ihr Shirt über den Kopf und hat trotz der Minusgrade draußen keinen BH an. Was wohl ihre Eltern dazu sagen? Sie drückt mir einen dicken Joint zwischen die Lippen und zwingt mich, daran zu ziehen, indem sie mir die Nase zuhält. Vor Schreck verschlucke ich mich. Mir tränen die Augen, und sofort huste ich los. Bei dem Versuch aufzustehen, ramme ich dem Mädel auf meinem Schoß versehentlich den Ellbogen mitten ins Gesicht. Plötzlich flackert Blitzlicht. Jemand macht Fotos.

»Geil!« höre ich Ralle rufen. »Genau so will ich das haben.«

Plötzlich stehen zwei dicke, nackte Männer im Raum. Einer davon furzt und kratzt sich am Arsch. »Was ist denn hier los?« will Gitarrist Dölle wissen.

Eine Minute später ist Uwe wieder auf seinem Stuhl eingeschlafen. Er übergibt sich in kleinen Schüben ohne aufzuwachen. Die Kotze tropft unregelmäßig auf den Boden. Ralle drückt den Mädels je einen Zwanziger in die Hand und schmeißt sie raus. Ich suche nach meinem Orangensaft. Die Uhr zeigt kurz vor eins. Jetzt aber: Endlich Feierabend.

Mein Name ist Ingo Rübele, 38 Jahre alt, verheiratet, zwei Kinder. Ich bin Rockstar von Beruf. Ich zupfe den Bass in der

Band. Gelernt habe ich Industrieschlosser, wie schon mein Vater und mein Großvater. Das hat mir Spaß gemacht, aber der Betrieb ging den Bach runter. Die nächsten eineinhalb Jahre war ich arbeitslos. Die Musik bei uns zu Hause kam immer aus dem Radio. Die Sportnachrichten fand ich ohnehin viel interessanter. Mein Berufsberater vom Arbeitsamt hatte mir dann aber klar gemacht, dass das nicht ewig so weitergehen kann. Noch eine Absage konnte ich mir einfach nicht leisten.

»Warum werden Sie denn nicht Bassist in einer Rockband?«, fragte er mich.

»Ah, nö. Ich kann überhaupt kein Instrument spielen.«

»Herr Rübele, für die Boygroups sind Sie viel zu alt. Strippen wollen Sie auch nicht. Bleibt nur Bassist. Ich melde Sie schon mal bei der Musikschule an.«

Drei Monate lang saß ich mit lauter Kindern im Klassenzimmer und lernte die Grundbegriffe jeder Musiktheorie unter Einsatz von Triangel, Maultrommel und Klanghölzer. Nach meinem Abschluss wechselte ich die Rock'n'roll Highschool. Dort wurde mir gesagt, ich solle alles aus dem Gedächtnis löschen, was ich über Musiktheorie gelernt hätte. Die Verkopfung der Musik töte die Leidenschaft. Diese Haltung kam mir entgegen. Nach den Sommerferien hatte ich ohnehin das meiste vergessen. Dass mir Leidenschaft allerdings auch fremd war, behielt ich für mich. Als Leistungskurse belegte ich »Saufen« und »Prollen«. Ich ließ mir die Haare wachsen und hörte auf, mich zu rasieren. Mit blauem Kugelschreiber stach ich mir meine eigenen Tattoos. Meine Frau erkannte mich nicht wieder. Die Kinder hatten Angst vor mir. Ehemalige Freunde mieden uns. Was tat man nicht alles für einen guten Job.

Der Überprüfung meiner erworbenen Fähigkeiten durch das Arbeitsamt hielt ich locker stand. Ich spielte eine eigenwillige Mixversion aus »Wer hat an der Uhr gedreht?« und

»La cucaracha«, wobei ich den Miniverstärker in die Trommel einer Waschmaschine stellte. Fortan galt ich als vermittelbar.

Der Tag meines ersten Vorstellungsgesprächs ließ auch nicht lange auf sich warten. Um einen guten Eindruck zu schinden, mietete ich mir eigens für diesen Termin einen schrottreifen Cadillac und kam standesgemäß ohne jede Erklärung über eine Stunde zu spät. Allerdings ließ sich die eigentliche Bewerbung nicht gut an. Man brachte mir eine gehörige Portion Skepsis entgegen. Bassisten, die vom Arbeitsamt vermittelt wurden, galten in der Regel als Nieten und deren Bands nicht mal als Anwärter auf einen Blumentopfgewinn. Trotz meiner Verspätung war ich der erste am Treffpunkt. Als Proberaum diente ein notdürftig umgebauter Kuhstall weit draußen vor den Toren der Stadt. Karl-Heinz, der Sänger, traf als erster ein und gab mir Anweisungen zum Parken seines Audi. Er verwechselte mich offensichtlich mit dem Chauffeur, der ihm laut Plattenvertrag zugesichert worden war. Gitarrist Dölle ignorierte mich drei Stunden lang. Weder schaute er in meine Richtung, noch ließ er sonst wie erkennen, dass er meine Anwesenheit registrierte. Er sprach stets in der dritten Person über mich zu Karl-Heinz, der mir dann wörtlich wiederholte, was ich ohnehin gerade gehört hatte. Schlagzeuger Uwe ließ sich entschuldigen. Er werde wegen eines Bassisten sein wöchentliches Tischtennis auf keinen Fall ausfallen lassen. Bis heute weiß ich nicht, ob mich die Jungs fest in die Band aufgenommen haben. Aber Karl-Heinz rief mich vor kurzem an und meinte: »Pack deine Koffer. Wir müssen auf Tour.«

So finde ich mich jeden Mittag völlig erstaunt selbst im Tourbus vor. Die Lokalzeitung bringt eine Story über uns. »Fickorgie mit den Kings of Metal.« Dazu ein Bild wie ich mit zwei Mädels zu Gange bin. Eine von ihnen hat Nasenbluten.

Überhaupt habe ich verdammt viel über Imagepflege dazugelernt. Vielleicht setze ich noch ein Aufbaustudium in »Rockstar – Aufzucht, Pflege und Gehegehaltung« drauf. Was mich an dem Job stört, sind die Arbeitszeiten. Bereitschaftsdienst rund um die Uhr. Kein Wochenend- oder Feiertagszuschlag. Bei Interviews habe ich Sprechverbot. Eigene Ideen oder Vorschläge beim Songwriting sind ohnehin Tabu. Auf Platte kommt der Bass vom Computer. Sanfte Einwände meinerseits werden sofort gekontert. »Wenn es dir nicht passt, dann leasen wir uns halt einen anderen Bassisten.« Laut Vertrag bin ich verpflichtet, pro Woche 42 Liter Alkohol zu trinken und mindestens acht Trips zu nehmen. Vermutlich werde ich innerhalb der nächsten fünf Jahre sterben. Mit etwas Glück gehe ich als C-prominentes Drogenopfer in die Musikgeschichte ein. Bis dahin furze und rülpse ich bei jeder öffentlichen Gelegenheit so gut ich kann.

Ein Umfrageinstitut hat ermittelt, dass japanisches Gehabe unter Jugendlichen als extrem schick gilt. Deswegen ist unser neues Video im Manga-Comic-Stil gehalten. Als Aufhänger wird der Refrain des Songs nicht von uns, sondern von japanischen Fans gesungen. Das funktioniert vor allem live. Bis vor kurzem wusste niemand von uns, wovon der Song überhaupt handelt. Ralle behauptet, grob übersetzt bedeutet der Text: »Tote Katze in dein Gesicht, kleines Mädchen!« Möglich, dass das stimmt, gleichzeitig aber auch völlig egal. Wir sind in der Regel mehr als doppelt so alt wie unsere Fans. Mit deren Lebensrealität haben wir nichts mehr zu tun. Ich wüsste überhaupt nicht, über welche Themen wir miteinander sprechen könnten. Ohnehin ist mir völlig schleierhaft, wer unsere Platten kauft.

Wenn ich morgens aufwache, weiß ich oftmals nicht in welchem Land wir uns befinden, geschweige denn in welcher Stadt. Aber wie heißt es doch so schön: »Hey, this is Rock'n'Roll and we will never gonna die!«

Die enttäuschenden Abenteuer des jungen Häckl

Häckl saß seit Stunden im Café »Hüftsteif« und grübelte über sein Leben nach. Draußen war es kalt und regnerisch. Der Wind trieb immer wieder Tropfen gegen die großen Scheiben. Sie prasselten mit einem knirschenden Geräusch gegen das Glas. Eine Klangkulisse, die zusammen mit der wohltuenden Wärme im Inneren des Cafes dazu führte, dass sich Häckls Antriebslosigkeit nur noch vertiefte. Er hatte bereits zwei Vanilletee, einen doppelten Espresso und vier Kaffee getrunken. Dazu zwei Stückchen Bienenstich, ein Stück Kirschkuchen, sowie eine große Portion Früchteeis. Er fühlte sich aufgebläht und langsam, aber sicher wurde ihm schlecht. Schnaps zu bestellen traute er sich nicht. Der Kaffee trieb ihm den Schweiß in die Achselhöhlen und die Hitze in den Kopf. Er fühlte sich klebrig und überdreht. Seine Blase war bereits randvoll und machte seit einer halben Stunde mit Nachdruck auf sich aufmerksam. Trotzdem war Häckl irgendwie zu faul, um aufzustehen. Er schaute aus dem Fenster, zwischen seinen Fingern drehte er einen Bierdeckel von einer Seite auf die andere. Er las den aufgedruckten Spruch wiederholt und mit wachsender Verzweiflung: »Mit Anfang zwanzig hält das Leben noch Enttäuschungen bereit, über die man später herzlich lachen kann. Es sei denn, man ist ein kompletter Idiot. Verfasser unbekannt.«

Häckl fand den Spruch scheiße. Er war fast zwanzig, momentan sehr enttäuscht und kam sich wie ein Idiot vor. Mit seinen Pickeln, seinem fragilen Körperbau und dem dazugehörigen kindlichen Gesicht wirkte er noch immer wie ein Fünfzehnjähriger. Häckl war frisch verlassen worden und, wie er seit kurzem erfahren hatte, zeugte sein Sperma von minderwertiger Qualität. Beides stand in unmittelbarem Zusammenhang. Inka, die Religion und Firlefanz auf Lehramt studierte, war vor einigen Tagen in seinem Jugendzimmer aufgetaucht und hatte Häckls Illusionen vom gemeinsamen Glück jäh zerschlagen und in den Staub getreten. Es war schon lange abgemachte Sache gewesen, dass, bevor sie mit ihm schlafen wollte, er sie auch heiraten solle, und nach einiger Zeit hatte er sich mit diesem Gedanken angefreundet und war darauf eingegangen. Zum einen mochte er Inka wirklich sehr, zum anderen hatte er nicht vor, den Rest seines Lebens allein zu bleiben. Warum also nicht gleich Nägel mit Köpfen machen? Dann hieß es, wenn sie schon miteinander schliefen, wolle sie auch Kinder von ihm haben. Diese Kröte war für Häckl schon schwerer zu schlucken gewesen. Mit sanften Worten hatte Inka den verwirrten Jüngling zu ermuntern versucht. »Wenn du mich wirklich lieben würdest, bräuchtest du darüber nicht so lange nachzudenken.« Also gut, vielleicht hatte sie Recht, dachte er. Ob er Kinder wollte, wusste er zwar nicht, aber das junge Eltern prinzipiell besser für den Nachwuchs waren, stand fest. Warum also die Sache nicht so bald wie möglich hinter sich bringen? Doch dann hatte Inka plötzlich ein verschließbares Röhrchen aus ihrer Handtasche zogen und es ihm unter die Nase gehalten. »Bevor ich von dir schwanger werde, brauche ich eine Samenprobe.« Sein Einwand, wenn sie ihn wirklich lieben würde, könnte sie auf diese Probe verzichten, quittierte sie nur mit einem lauten Lachen. Andere Paare hatten auch Probleme, sinnierte er. Sie würden an dieser Krise nicht scheitern, sondern gestärkt daraus hervorgehen. Guten Mutes drehte er Inka den Rücken zu, spritze eilfertig in das Röhrchen, da war sie auch schon verschwunden. Drei Tage später, und diese Zeitspanne hatte sogar Jesus gebraucht, um von den Toten aufzuerstehen, meldete sich Inka per SMS und erklärte ihre Beziehung für beendet. »Mit deinem Sperma kannst du bestenfalls Mutantenfleischknödel zeugen oder Postkarten an die Wand kleben. Deine Chromosomen machen sich einen faulen Lenz.« Versuche, mit Inka persönlich zu sprechen, scheiterten kläglich. Sie nahm erst gar nicht ab oder ließ sich an der Tür von ihren Eltern verleugnen. Sein Vorschlag, sie könnten sich doch stattdessen ein Haustier zulegen, verhallte ungehört. Dabei kam es doch irgendwie auf das Gleiche raus: Sie hingen einem am Bein, fraßen einem die Haare vom Kopf und sie liebten einen abgöttisch, da sie keine Wahl hatten und es gar nicht anders kannten. Hatte sich Häckl bis vor kurzem noch als glücklich verheiratet und stolzer Vater zwei Kinder gesehen, so blickte ihm nun in der Spiegelung des Fensterglases ein trotziges Kind im Zuckerrausch entgegen. Von Bartwuchs keine Spur, stellte er zum wiederholten Male fest. Und das, obwohl er schon als Kind im Ruf stand ein regelmäßiger Schwerstkonsument von Vitamingetränken wie »Rotbäckchen« und »Multisanostol« zu sein. Mit vierzehn hatte der Arzt dann zu einer Hormontherapie geraten. Einmal die Woche musste Häckl antreten, um sich unter den hämischen Blicken der hübschen Arzthelferin eine erschreckend große Spritze in das entblößte Hinterteil jagen zu lassen. Wenig später stellte Häckl entsetzt fest, dass ihm Brüste wuchsen. Sein Versuch, den Kameraden diese Erhebungen als «Biertitten» infolge seines hohen Alkoholkonsums zu verkaufen, scheiterte kläglich. Alle wussten, dass er überhaupt nichts vertrug. Die Therapie wurde schließlich abgebrochen. Wenige Monate später sorgte der gleiche Hausarzt für Schlagzeilen, da ihn ein ehemaliger Studienkollege eindeutig als Tierarzt identifiziert hatte. Wenigstens verschwanden die Titten genauso schnell wie sie aufgetaucht waren. Nicht einmal diesbezüglich hatte der Tierarzt gute Arbeit geleistet. Doch das tröstete Häckl im Moment nicht. Inka hatte ihn verlassen, und alles, was ihm geblieben war, summierte sich auf ein gebrochenes Herz und einen prallen Sack kaputten Spermas, das dringend das Licht der Welt erblicken wollte. So wie die Lage im Moment aussah, hatte er den Kreuzweg in die Videothek anzutreten, um klägliche Ersatzhilfsmittel in Anspruch zu nehmen.

Abrupt wurde Häckl aus seinen Gedanken gerissen. »So, junger Mann, Schichtwechsel. Ich komme gleich kassieren.« Die Bedienung hetzte an seinem Tisch vorbei und ließ sich bei seinem Anblick zu einer Bemerkung hinreißen, die Häckl bis tief in die Eingeweide fuhr: »Ich hoffe, dein Taschengeld reicht für die Rechnung.« Häckl spürte Tränen des Zorns in sich aufsteigen. Wie viel Demütigung sollte er noch ertragen? Er wartete, bis die Bedienung aus seinem Sichtfeld verschwunden war, zog seine Jacke an und verließ unter dem ein oder anderen verwunderten Blick zielstrebig das Café. Kaum an der frischen Luft, meldete sich seine Blase wieder. Häckl ärgerte sich über sich selbst. Da er schlecht zurück in das Café gehen konnte, musste eine andere Lösung her und zwar schnell. Er überquerte die Straße und steuerte ein Mehrparteienhaus an. Mit zusammengekniffenen Augen nahm er Maß an den Briefkästen. Die unterste Reihe lag in etwa auf Hüfthöhe. Häckl ging die Namen durch. Herr Julius Bock im dritten Stock würde gleich Post im Telegrammstil bekommen. Ein Rundumblick zur Absicherung: Ein paar Passanten, wenig Autos – die Gelegenheit war günstig. Während Häckl sich mit offenem Hosenlatz dicht an die Briefkästen drückte, tat er so, als würde er mit dem Zeigefinger die Klingelschilder durchgehen und nach einem bestimmten Namen Ausschau halten. Im Kopf hingegen formulierte er den Text seines Telegramms. »Achtung! Stop. Dringend!

Stop. Musste sein. Stop. Tut gut. Stop. Riecht nach Kaffee. Stop. Bin gleich fertig. Stop. Gruß Häckl.«

Hinter seinem Rücken hingegen braute sich nichts Gutes zusammen. Die Bedienung des Cafés spähte aus der Tür, um nach dem jugendlichen Zechpreller Ausschau zu halten. Kaum hatte sie ihn erblickt, wählte sie den polizeilichen Notruf auf dem Mobiltelefon. Noch während sie staatliche Hilfe anforderte, beobachtete sie, wie der Rotzlöffel zwei Häuser weiter in der Videothek verschwand. Gut so, dachte sie, dass erhöht die Chance, den gesetzlosen Nichtsnutz seiner gerechten Strafe zuzuführen.

Häckl unterdessen trat in die Videothek wie in eine andere Welt. Er mochte keine Bücher, Fernsehen mit Werbeunterbrechung brachte ihn um den Verstand. Auch Kinobesuche waren im verhasst. Zu viele Menschen konnten ihre Klappe nicht halten und gaben seltsame Geräusche von sich, vom Stillsitzen ganz abgesehen. Sein Zauberwort hieß Videothek. Er liebte Western und Kung-Fu Filme. Manchmal auch Science Fiction. Und wäre es Häckls Bestimmung gewesen, selbst einen Film zu drehen, so wäre dabei sicherlich ein futuristischer Kung-Fu-Western mit Robotern und Außerirdischen herausgekommen. Da ihn nun aber Inka verlassen hatte, wollte er nachschauen, was die »Ab 18« Abteilung an versöhnlichen Freundschaftsangeboten vorzuweisen hatte. Die Videothek selbst war ihm neu, doch sein Ausweis galt für jede Filiale dieser Firmenkette. Häckl spürte beim Betrachten der Cover Hitzwallungen in sich aufsteigen. Gewisse Entscheidungsschwierigkeiten traten auf. Nach welchen Kriterien vorgehen? Welche Ansprüche stellen? Es durfte ruhig auch Original mit Untertitel sein. Nach einigem hin und her war die Wahl auf zwei Filme gefallen. »Space virgins from planet sex« stammte aus der Busenabteilung. Bei »Black rituals of satanix sex cultes« hatte ihn der Aufkleber

»Mit Monsterärschen aus der Hölle« überzeugt. Entschlossen legte er die zwei Hüllen samt Ausweis auf die Theke. Letzte Zweifel traten auf. Sollte er nicht doch gleich lieber zehn oder zwanzig Filme mitnehmen? Was, wenn die ausgesuchten Filme nicht seinen Vorstellungen entsprachen?

Die Solariumqueen hinter der Theke nahm gelangweilt die Hüllen entgegen. War nicht auch sie auf einem der Cover abgebildet gewesen, oder täuschte er sich da? Sollte er mal nachfragen? Besser nicht, sie musterte seinen Ausweis mit einem gewissen Misstrauen. Schließlich blickte sie ihm ins Gesicht, dann wieder auf den Ausweis. »Einen Moment, bitte«, sagte sie. Während Häckl wartete, konnte er hören, wie Polizeisirenen auf der Straße unterwegs waren. Ganz in der Nähe musste etwas passiert sein. Vielleicht hatte er Glück und er konnte mit seinem Handy noch ein paar respektlose Fotos schießen. Die Videothekarin hatte sich hinter die Kulissen zurückgezogen und zum Telefonhörer gegriffen. Seit drei Jahren war sie nun im Geschäft. Wenn sich herumsprechen sollte, dass sie auch an Minderjährige Filme verliehen, konnte sie bald dichtmachen. Dieser Häckl war mit Sicherheit noch keine achtzehn und der Ausweis vermutlich gefälscht. Sie würde die Eltern dieses Bengels anrufen. Nachdem die verwirrte Mutter endlich verstanden hatte, worum es ging, dankte sie herzlich für den Anruf und versprach, sofort vorbeizukommen, um den missratenen Sohn abzuholen.

»Was ist jetzt?«, rief Häckl ungeduldig. Die Hose spannte zwischenzeitlich doch recht ordentlich im Schritt. Er wollte noch an der Tanke vorbei und zwei kleine Jägermeister holen.

»Keine Angst, Kleiner«, rief die Videothekarin zurück, während sie sah, dass zwei Polizisten die Geschäftsräume betraten. »Gleich geht's weiter.«

Eine kleine Nachtmusik

Die Uhr in der Fußgängerzone zeigte kurz nach halb drei. Ich war voll bis zum Anschlag. All meine Freunde, die Saufkumpane des Abends, saßen noch in jener Bar, aus der ich mich mit Mühe und Not hatte losreißen können. Ich hatte keine Zukunft, ich war verschuldet und ich war dem Alkohol nicht abgeneigt. Nein, wirklich nicht. Mir ging es nicht besser als all den Leuten, mit denen ich unterwegs war und die das Leben trotzdem zu feiern wussten.

In meinen Haaren tobte der Wind. Die Hände in den Jackentaschen stand ich am Straßenrand, schwankte leicht hin und her, und die Autos rasten an mir vorbei. Es war die Hauptstraße aus der Stadt hinaus. Scheinwerfer folgte auf Scheinwerfer. Darunter auch viele Taxis. Man war versucht, sich eines anzuhalten, sich nach Hause fahren zu lassen und dann einfach nicht zu bezahlen. In meinem Kopf lief ein Film, wie ich ihn gern einmal im Kino gesehen hätte. Aber die Chancen standen schlecht, dass er jemals gedreht werden würde. Aus dem Strom der vorbeiziehenden Wagen löste sich plötzlich ein alter VW Käfer und hielt in wenigen Metern Abstand am Fahrbahnrand. Die Seitentür wurde aufgestoßen und blieb offen stehen. Niemand stieg aus. Das gleichmäßige Brummen des Motors setzte sich vom Lärm der Straße ab. Fügte ihm eine neue Nuance hinzu. Ich lief zum Wagen und warf einen Blick hinein. Hinter dem Steuer saß eine junge Frau um die zwanzig. Sie hatte lange, rotbraune Haare.

»Hi«, sagte ich.

»Hier wird nicht gekotzt!«, stellte sie klar.

Ich schmiss mich auf den Beifahrersitz und knallte die Tür zu. Sie fädelte sich ohne Mühe in den Verkehr ein, rauchte an einer Zigarette, schaute mich nicht an. Erst jetzt bemerkte ich, dass aus dem Radio leise Musik zu hören war. Ich wollte irgendetwas Nettes sagen, aber mein Kopf spielte nicht mehr mit. Draußen zog die Nacht vorbei. Ich schaute aus dem Fenster, gewöhnte mich schnell an die Wärme im Wagen und war auf einmal unglaublich müde. Mir gefiel die Frau, ihre Art zu rauchen, die Musik, der sanfte Nebel im Kopf. Einfach nur hier sein, neben ihr sitzen und fahren, war alles, was ich im Leben wollte.

Als ich die Augen wieder öffnete, fuhren wir gerade an einem Ortsschild vorbei. Ziemlich weit draußen waren wir hier. Ich musste mindestens eine halbe Stunde geschlafen haben. Die Straßen, die wir entlangfuhren, wurden immer kleiner und schließlich parkte sie den Wagen auf dem Kundenparkplatz eines Friseursalons.

»Hier wohne ich aber gar nicht«, sagte ich.

»Das macht nichts. Zufällig wohne ich hier.«

Sie drehte mir ihr Gesicht zu und schaute mich an. Auch Ihre Augen zeugten von einer gewissen Geschichte an diesem Abend. Vielleicht hatte sie geweint, vielleicht war sie bekifft, angetrunken oder einfach nur müde. Sie hatte ein blasses, schmales, sehr hübsches Gesicht. Ich musste grinsen. Sie lächelte zurück.

Es stellte sich heraus, dass sie Friseuse im Betrieb ihrer Eltern war. Sie wohnten praktisch direkt über ihrem Arbeitsplatz. Und da die Eltern möglichst nicht in ihrer nächtlichen Ruhe gestört werden sollten, führte sie mich nicht in ihr Zimmer, sondern ins Ladeninnere im Erdgeschoss. Vorbei an Frisierstühlen und den Waschbecken, dirigierte sie mich in den Aufenthaltsraum für Angestellte. Ich hatte schon immer eine Schwäche für die Kulissen und alles, was sich dahinter verbarg. Für die Kneipe, wenn sie dicht gemacht hatte, die Stühle hochgestellt waren und sich einer in der Ecke mit Wasser und Schrubber daran machte, den Boden zu putzen. Dann saß ich gern im Dunkeln, an einem letzten Tisch. Ich war anfällig für die Atmosphäre im Club nach dem Konzert, wenn das Licht anging und der Zauber verflogen war. Der Illusion eines Abends keine Chance mehr gegeben wurde. Das Auge war schutzlos den Pappbechern ausgeliefert, die überall herumlagen, den Alkohollachen, den Kippen, den Taschentüchern und all dem sonstigen Schrott, der sich im Dreck am Boden suhlte. Die Show war vorbei, die Musiker längst über alle Berge und mit dem Pfeifen im Ohr schob man sich in Richtung Ausgang, vorbei an den Opfern des Vergnügungsterrors, den leicht Verletzten, den Schlafenden und den Alkoholleichen. Ein letztes Mal Pissen gehen in der Kloake zerschlagenen Porzellans, dumpfer Graffiti und überquellender Mülleimer, den Geruch von Urin in der Nase. Bei all dem stets die Kippe im Mund und einem zufriedenen Lächeln im Gesicht.

Und jetzt saß ich hier mitten in der Nacht an einem Tisch. Die Kulisse war ein Friseursalon, und die Hauptdarstellerin entledigte sich gerade ihrer Jeansjacke. »Willst du auch einen Kaffee?« fragte sie mich. Ich nickte bloß. Hatte ich diese Frage jemals verneint? »Ich heiße übrigens Jana.« Da hatten wir's. Ein Geheimnis weniger. Ich räusperte mich, überlegte, ob ich jetzt verpflichtet war, mich ebenfalls vorzustellen. Aber wie Jana so mit der Kaffeepackung hantierte, mit einem Löffel grob die Menge des Pulvers abschätzte, machte sie mir nicht den Eindruck, als wolle sie unbedingt etwas von mir hören. Sie schaltete die Maschine an und setzte sich zu mir an den Tisch.

»Wow«, sagte ich.

»Was denn?«

»Keine Ahnung. Alles. Dieser Abend. Du. Der Regen.«

»Es regnet doch gar nicht.«

»Siehst du, ist das nicht toll?«

Ich lauschte auf das Röcheln der Kaffeemaschine und setzte dann nach. »Gibt's hier irgendwo ein Klo?«

Ich fand es rechts hinten, am Ende des Flurs. Die Erscheinung im Spiegel ernüchterte mich einigermaßen. Ich war nicht mal halb so lässig wie ich mir vorkam. Außerdem war da noch etwas zu erledigen. Ich klappte den Klodeckel hoch, kniete mich vor die Schüssel und steckte mir den Finger in den Hals. Hinterher fühlte ich mich etwas besser. Ich hielt meinen Kopf unter den Wasserhahn, trank wie ein Hund, klatschte mir Wasser ins Gesicht und atmete durch. Ob sie was gehört hatte? Ich griff mir die Zahnpasta von der Spiegelablage, drückte mir ein wenig Pasta direkt in den Mund und putzte mir mit dem Mittelfinger die Zähne so gut es eben ging.

Zurück in der kleinen Küche erwartete mich mein Kaffee. Jana stellte gerade die Kanne zurück auf die Wärmplatte.

»Geht's wieder?«, fragte sie.

»Viel besser, danke.«

Diese direkte, unkomplizierte Art gefiel mir. Mit jeder Sekunde, die verging, begann ich mich wohler zu fühlen. Wer zum Teufel war diese Frau? Wir nippten die heiße Flüssigkeit in kleinen Schlückchen. Viel zu sagen hatte auch Jana nicht. Kein was-machst-du-was-ich-nicht-mache-und-worin-genau-besteht-der-Sinn-des-Lebens-Geplänkel? Stattdessen warfen wir uns Blicke zu. Einfache Blicke. Hin und wieder zog sie ihre Nase hoch. Ein angebotenes Taschentuch lehnte sie ab. Irgendwann war der Kaffee leer.

Die Schwelle der Müdigkeit hatten wir beide wohl längst überschritten.

»Und was jetzt?«, fragte ich.

»Jetzt spielen wir ein bisschen«, sagte sie und stand auf. Wir gingen in den vorderen Teil des Ladens zurück. Durch die Schaufensterdekoration fiel ein blasses Neonlicht auf Teile des Fußbodens und in den Raum. Es reichte aus, um an die Dunkelheit gewohnte Augen alles erkennen zu lassen. Jana stellte sich hinter den Tresen neben der Kasse. Sie stützte sich mit den Ellbogen auf und blätterte gelangweilt in einer Zeitschrift. Mit ihrer linken Hand fuhr sie sich durch ihre langen, sehr schönen Haare und wickelte sie um ihren Zeigefinger, so als hätte sie meine Anwesenheit völlig vergessen. Es dauerte kurz, bis ich kapiert hatte, was hier los war. Dann stellte ich mich betont vor den Tresen und räusperte mich.

»Entschuldigung. Ich glaube, ich habe einen Termin.«

Jana blickte völlig ernst zu mir auf. »Ah, ja?«

»Ganz sicher bin ich mir nicht. Könnten sie mal im Kalender nachschauen?«

»Selbstverständlich. Einen Moment …« Sie blätterte in einem dieser dicken Tageskalender hin und her. »Ah, ja. Hier steht waschen, schneiden und da ist noch eine kleine Notiz …« Sie beugte sich tief über den Tresen. So tief, dass mein Blick unwillkürlich in ihren Ausschnitt rutschen musste.

»Fußnägel schneiden?«, fragte ich.

»Nein, hier steht rasieren.«

»Fußnägel rasieren?«

Ich setzte mich willig in einen der drehbaren, weichgepolsterten Stühle und beobachtete im Spiegel, wie Jana mir den Umhang anlegte und im Nacken eine Schleife zusammenzog.

Mit einer sparsamen, aber bestimmenden Geste drückte sie mir meinen Kopf nach hinten in eines der Waschbecken und begann tatsächlich, mir die Haare zu waschen. Ich schloss die Augen und genoss das warme Wasser. Janas massierende Fingerspitzen waren einfach nur toll.

»Ist das nicht furchtbar heiß unter dem Umhang?« wollte sie plötzlich wissen. Sie warf mir den Umhang von vorne übers Gesicht. Ich blieb reglos sitzen. Jana fummelte mir an der Hose herum und zog sie mir schließlich bis auf die Knöchel herunter. Meine Shorts folgten. Ich hörte das Geräusch einer schnappenden Schere in der Luft. Für einen Moment hatte ich einen Kloß im Hals. Unter dem Umhang wurde es jetzt tatsächlich heiß. Ich bekam schlecht Luft. Jana schnitt an meinem Schamhaar herum, dann hörte ich einen Rasierer brummen. Ein feiner Schweißfilm legte sich über mein Gesicht. Es kitzelte ein wenig, als sie den Rasierer ansetzte. Ich rutschte leicht nach unten und spreizte die Beine.

»Ja, was ist denn das?«

Jana streichelte mir mit einer Hand über die Oberschenkel, die andere rasierte weiter. »Das sieht ja aus wie ...« Sie massierte mir gefühlvoll die Eier, »... wie eine ...« schaltete den Rasierer aus und hielt meinen Schwanz mit ihrer warmen Faust umklammert, »... Erektion!«

»Oh, Gott ...«

Sie ließ ihre Zunge kreisen und kaute vorsichtig an meinem Lieblingsknochen. Hin und wieder stieß ich die dazugehörigen Seufzer aus, wie ein Hund, der im Nacken gekrault wird. Da ich es mit der Angst bekam, der Spaß könnte gleich vorbei sein, musste ich eingreifen. Ich riss mir den Umhang von meinem Gesicht und atmete tief durch.

»Halbzeit«, sagte ich.

Sie begann, ihre Jeans aufzuknöpfen, während ich mich endgültig meiner Hose entledigte. Zurückgelehnt schaute ich zu, wie sie sich auf die Kante der Ablagetische vor die Spiegel setzte. Ihre Söckchen, ihr blaues T-Shirt und ihr weißes, knappes Höschen machten mich unglaublich geil. Sie schnappte sich eine herumliegende Haarbürste und massierte sich mit dem Griff ihre Spalte. Kurz darauf warf sie mir ihren Slip ins Gesicht, den ich wie eine erbeutete Trophäe zwischen meinen Zähnen hielt, gefährlich knurrte und ihn hin und her schwenkte.

»Na komm schon rüber«, meinte sie.

»Nö.«

Sie streckte mir die Zunge raus und rieb sich deftig mit Zeige- und Mittelfinger, ließ die Finger in ihre schimmernde Nässe gleiten. Ihre Nippel stachen unter dem Shirt hervor.

»Fick mich, du kleine Sau!«

Ich ließ mich nicht lange bitte. Wir trieben es in den Frisierstühlen, auf der Ablage, wobei sie den Arsch halb im Waschbecken hängen hatte und wir uns mit kaltem Wasser gegenseitig bespritzten. Mit albernen Langhaarperücken auf dem Kopf, die uns schräg übers Gesicht hingen, bumsten wir an die Wand gelehnt. Ich dachte jeden Moment, gleich stürzt was ein.

Später saßen wir erschöpft auf dem Boden, um uns auszuruhen. Ich blickte beiläufig auf mein Schamhaar. Es sah aus, als hätte es einen Unfall gehabt. Jana registrierte diesen Blick.

»Ist ja auch noch nicht fertig rasiert«, meinte sie und schob mir ihre Zunge in den Mund.

Einer von uns

Kai war einer von uns. Wir alle kannten ihn seit Kindertagen. Obwohl er fünf Straßen weit weg wohnte, was damals weit war, und zwei Jahre Abstand zu uns hatte, was zu jener Zeit viel bedeutete. Man kannte sich vom Sehen. Vom Schulhof, vom Bolzplatz und später auch von den Clubs und Parties. Nicht dass irgendjemand von uns eng mit ihm befreundet gewesen wäre. Vielmehr waren wir alle Bestandteile einer unüberschaubar großen und losen Gruppe von Gleichgesinnten. Wenn Falk oder Nick irgendwelche Geschichten von den letzten Nächten oder Festen erzählten, tauchte mit verlässlicher Regelmäßigkeit der Satz auf: »Ach übrigens, Kai war auch da.« Dabei war er alles andere als eine charismatische oder imposante Erscheinung. Durchschnittlich in allen äußeren Belangen, erwies er sich als ein freundlicher und offener Typ, der seinen eigenen Interessen nachging, ohne groß aufzufallen. Die wenigen Gelegenheiten, bei denen wir mehr als nur ein paar Worte wechselten, sind mir als nette Begebenheiten in Erinnerung geblieben. Bis es sich eines Tages ergab, dass er im gleichen Haus wie Nick eine Wohnung bezog. Von dieser Zeit an hing Kai oft bei Nick ab oder umgekehrt. Auf der anderen Straßenseite gab es eine Pizzeria, deren Spezialitäten offensichtlich Fischgerichte waren. Zumindest wehte von dort stets eine sanfte Brise Fisch über die Straße. An guten Tagen weckte das vage Erinnerung an Urlaub, Sonne und Meer. An schlechten Tagen allerdings empfahl es sich nicht, die Fenster zu öffnen. Jedenfalls häuften sich die Abende, an denen wir zu viert beisammen saßen und den Teufel einen guten Mann sein ließen. Kai machte damals eine Phase der Umbrüche und Veränderung durch. Frisch verlassen zog er aus der gemeinsamen Wohnung mit seiner Exfreundin aus. Beruflich hing er durch wie wir alle. In meiner Erinnerung verdiente er Geld, weil er etwas mit Computer und Internet machte. Das kann aber auch täuschen. Denn wer machte in diesen Tagen nicht irgendwas mit Computer und Internet? Jedenfalls tat es ihm gut, ein paar Leute zu haben, bei denen er sich gehen lassen konnte, denn sein eigener Freundeskreis schien plötzlich nicht mehr allzu viel herzumachen.

Nick fiel als erstem auf, dass mit Kai irgendwas vor sich ging, was zunächst sehr vage und unbestimmt blieb. Erst nach und nach stellten sich klare Merkmale ein, die dann auch Gesprächsstoff ergaben. Ich erinnere mich an einen Abend, als wir auf die rein optischen Verwandlungen zu sprechen kamen, die jeder von uns in den letzten fünf Jahren vollzogen hatte. Wir zückten unsere Personalausweise und verglichen die Bilder mit unserer jetzigen Erscheinung. Besonders der gute Falk gab Anlass zum Spotten. Laut Personalausweis trug er schulterlange Haare und einen Vollbart. Tatsächliche hatte er sich damals extra für das Foto einen Bart wachsen lassen und eine Perücke aufgezogen. Ohne Bart und mit modisch geschnittenem, kurzem Haar war er praktisch ein anderer Mensch und nicht wiederzuerkennen.

»Hey, laut Ausweis bist du drei Zentimeter kleiner als ich, das kann wohl schlecht sein«, meinte Nick zu Kai, als er die Größenangaben verglich. Die beiden stellten sich nebeneinander, und tatsächlich waren sie ziemlich genau gleich groß.

»Ist doch scheißegal«, meinte Kai, und wir gaben ihm Recht. Keiner von uns machte sich weiter Gedanken. Erst später fiel mir wieder ein, dass an jenem Abend Kais Veränderung erste zarte Spuren hinterlassen hatte, die zu diesem Zeitpunkt aber noch niemand einordnen konnte. Wenig später beschwerte sich Kai über die Waschmaschine im Keller. Seit er in diesem Haus wasche, würden sämtliche Klamotten um einen nicht unbeträchtlichen Teil zusammenschrumpfen. »Das kommt eben davon, wenn man alles zusammen mit 90 Grad wäscht«, lautete unser einhelliger Kommentar. Aber irgendwann waren die Tatsachen einfach nicht mehr zu leugnen: Kai war noch einmal ein ganzes Stück gewachsen. Ganz eindeutig war er jetzt ein gutes Stück größer als Nick und damit gleichzeitig größer als wir übrigen. Kai fluchte, weil ein Großteil seines Geldes für neue Klamotten draufging. Schließlich wollte er mit seinen 23 Jahren nicht wie jemand aussehen, der die Kleidung seines kleinen Bruders aufträgt. Aber kaum drei Wochen später waren ihm auch die neu gekauften Hosen zu kurz und die Shirts etwas zu eng. Noch spotteten wir weiter. Wenn alles an ihm nochmals so richtig größer würde, dann hätte er bei den Frauen jetzt einen richtig guten Ruf. Wir tauften ihn auf den Namen »Kai Hammer« und dachten uns noch immer nichts dabei. Der gute Junge hatte eben einen verspäteten Hormonschub. So was kam vor.

Vier Wochen und zwei weitere Zentimeter später wurden die letzten Zweifel durch einen Arztbesuch zerstreut. Kais Bedenken zum Trotz war der Arzt in etwa unserer Meinung. Es kam zwar nicht häufig vor, dass man in diesem Alter nochmals mit einem Wachstumsschub zu kämpfen hatte, aber insgesamt galt es, die Geschehnisse als letzte Nachwehen der Pubertät zu betrachten. Ein Vitaminpräparat sollte dafür sorgen, dass Kai auch bei Kräften blieb und das Ganze keine unerwünschten Nebenwirkungen zeigte. Rein spaßeshalber machte Kai im wöchentlichen Abstand Bleistiftstriche am Türrahmen, so wie es die meisten von uns wahrscheinlich früher gemacht hatten. Ein gewisser Stolz lag in den erreichten Zentimetern, ganz so, als sei es unsere eigene Leistung. Kai jedoch fühlte sich zunehmend elender. Er hatte sich mit seinen hundertachtundsiebzig Zentimetern nicht nur angefreundet, sondern auch abgefunden gehabt. Inzwischen war er bei einem Meter neunundachtzig angelangt und vertrat die Ansicht, dass es nun genug sei. Noch immer kamen von unserer Seite Sprüche, er könne jetzt ja langsam Basketball als Beruf in Erwägung ziehen und hätte doch mit Sicherheit auch im Kino immer freie Sicht, ganz egal, wer vor ihm saß. Doch Kais Humor versiegte zusehends, und auch wir übrigen nahmen sein weiteres Wachstum Woche für Woche mit immer spärlicheren sarkastischen Bemerkungen zur Kenntnis. Wenig später hatte Kai die einsfünfundneunzig durchbrochen. Zugegeben, nicht nur in der Höhe. Seine Proportionen hatten gleichmäßige Züge. Er war einfach groß und stämmig geworden. Mit etwas mehr Muskeln wäre er die Idealbesetzung für jeden härteren Actionfilm gewesen. Ein weiterer Arztbesuch war schon nicht mehr so beruhigend. Sollte Kai noch immer weiterwachsen, erwog der Arzt die Überweisung in eine Spezialklinik. Dort würde man der ganzen Sache sicherlich auf den Grund gehen können. Ob es denn in seiner Verwandtschaft nicht ohnehin schon Fälle von Großwüchsigen gäbe?

Wenn wir zu viert abends in einer Runde saßen, ließ ich hin und wieder einen Blick auf die Schatten am Boden ruhen. Kai war längst der größte von uns allen. Einsam und stolz ragte sein Schatten in den Raum hinein und zog sich nicht nur über den Teppich, sondern bog sich auch ein Stück weit die Wand hinauf. Hin und wieder klagte Kai über Kopfschmerzen, aber selbst das konnte noch andere

Ursachen haben. Unseren Verstoß gegen das Betäubungsmittelgesetz beispielsweise. Wir wollten in stillschweigendem Einvernehmen einen plausiblen Grund für etwas finden, wofür es in Wirklichkeit keine nachvollziehbare Erklärung mehr gab: Kai wurde immer noch größer, und es war kein Ende abzusehen.

Einen Monat später saßen Nick und ich schweigend auf der Couch und rauchten. Durch das Fenster konnte ich sehen, wie eine Bedienung von innen die Pizzeria aufschloss und anschließend eine neue Tageskarte in den Schaukasten hing. Wir waren oft genug selbst dort gewesen und hatten uns durch die Karte gegessen, wobei wir nur die Fischgerichte außen vor gelassen hatten. Der eigentliche Besitzer schaute nur noch gelegentlich vorbei und überzeugte sich davon, dass alles funktionierte. Ein windiger Grieche, der in einem großen, verdreckten Mercedes durch die Gegend fuhr und in dessen Gesicht aus einer verzerrten Anstrengung heraus immer ein Grinsen zu liegen schien. Nebenbei vermittelte er noch Schwarzarbeiter für Großbaustellen, die unter Zeitdruck geraten waren. Das hatten wir aus den Telefongesprächen entnehmen können, die er lautstark führte, während er am frühen Nachmittag durch die noch leeren Tischreihen auf und abging.

Die Bedienung auf der anderen Straßenseite gähnte und streckte sich. Mir war, als blicke sie dabei nicht nur in unsere Richtung, sondern genau in das Fenster, hinter dem ich saß. Ich arrangierte mich mit dem Gedanken, dass das reine Einbildung sein musste und falls nicht, zumindest purer Zufall und nichts weiter zu bedeuten hatte. Wenn es im Supermarkt sieben verschiedene Kassen gibt, glaubt auch ein jeder, ausgerechnet die langsamste erwischt zu haben. Schließlich verschwand die junge Frau wieder im Inneren der Pizzeria. Ich beobachtete, wie die Tür langsam hinter ihr zurück ins Schloss glitt. Und genau in dem Moment, in dem ich das Klicken des Zylinderkopfes gehört hätte, wäre ich nur nahe genug bei der Tür gewesen, klingelte das Telefon. Nick und ich sprangen auf. Meine Distanz war die kürzere.

»Kai?«

»Ja, ich bin raus.«

»Wir sind unterwegs.«

Als wir in der Klinik ankamen mussten wir trotz der vielen Menschen, die sich hier die Beine vertraten, nicht lange nach Kai Ausschau halten. Obwohl er sich auf eine der Bänke nahe der Grünanlage gesetzt hatte, machte seine mächtige Figur Eindruck. Als er uns sah, stand er auf und schlang sich den Gurt seiner Reisetasche über die Schulter. Stolz und einsam überragte er alle Anwesenden um mehr als einen Kopf. Im Auto betrachtete ich ihn zunächst etwas verstohlen durch den Rückspiegel. Er hatte sich quer über die Rückbank ausgestreckt, damit er seine Beine unterbringen konnte, und starrte durch die Heckscheibe.

»Die Ratte hat Urlaub vom Labor«, meinte er. »Aber die Bombe im Inneren tickt weiter.«

Nick versuchte das gewisse Unbehagen in der Luft zu durchbrechen. »Falsch. Du Schule ist aus, und du hast Ferien für immer.«

In einem Café erzählte Kai uns all die Dinge, die er die letzten Tage über sich hatte ergehen lassen müssen. Von den Untersuchungen, die zum Teil sehr schmerzhaft waren. Von der Behandlung durch das Personal. Von den schlichten Krankenschwestern bis hin zu den Ärzten, die in ihrer ganz eigenen Hackordnung aus Standesdünkel und

Ehrgeiz lebten, aus denen sie nur durch einen Professorentitel erlösten werden konnten. Überhaupt wie die Geschäftigkeit des Krankenhauses schlicht wie ein Großbetrieb um Funktionalität bemüht war, völlig unbeeindruckt vom Schicksal des Einzelnen. Weiter war aus seinem Bericht zu entnehmen, dass viele von den Tests noch überhaupt nicht ausgewertet waren. Man wartete noch auf die Ergebnisse aus den Labors und war bemüht, Zusammenhänge herzustellen. Kai hatte den Eindruck, dass es sich insgesamt um ein grosses Herumstochern im Trüben handelte. Man schloss eine These nach der anderen aus, hatte aber deswegen noch lange keine aufschlussreiche Erklärung zur Hand. Von Erleichterung oder Entwarnung konnte nicht gesprochen werden. Gleichzeitig war noch nicht einmal klar, ob denn überhaupt Grund bestand, sich ernsthaft Sorgen zu machen. Bis auf weiteres war Kai nun nach Hause geschickt worden. Offiziell krank geschrieben, sollte er zu Hause auf einen Anruf warten. Möglicherweise hatte er sich in einer anderen Klinik einzustellen. Und das alles, so schloss er seinen Bericht, kotze ihn tierisch an. Die momentane Situation insgesamt war unbefriedigend.

In den nächsten Wochen kümmerten wir uns im Rahmen unserer Möglichkeiten so gut um Kai wie möglich. Wir gingen ins Kino, verbrachten die Abende zusammen, tranken und redeten bis in die frühen Morgenstunden. Im Großen und Ganzen schien alles in Ordnung zu sein. Vordergründig lief alles in alltäglichen Bahnen. Wir lachten nicht zu knapp in jenen Tagen. Allerdings hing eine Wolke der Unnahbarkeit über Kai, die keiner von uns durchdringen konnte. Nick erzählte uns, dass er Kai immer öfter in niedergeschlagener Stimmung vorfand. Er saß stundenlang auf dem Sofa herum und starrte auf das Telefon oder aus dem Fenster. Und in einer stillen Minute sprach Kai diesen einen Satz aus, der alles auf den Punkt brachte, was in der Luft zu liegen schien: »Es geht zu Ende. Und wir alle wissen das.« Längst war er über zwei Meter zehn groß. Die Meldung des medizinischen Dienstes ließ auf sich warten, aber als sie schließlich kam war nur eines klar: Niemand wusste nichts Genaues, und weitere Untersuchungen waren dringend nötig. Das Besondere war nicht seine Größe, sondern die Ursache und Geschwindigkeit des plötzlichen Wachstums. Möglicherweise war Kai ein Präzedenzfall für die Forschung. Man würde ihn auseinandernehmen und in Stücke schneiden, sein Seelenleben durchleuchten und soziale Studien anfertigen. Alle Daten auf Mirkochips speichern, in Zahlenkolonnen sezieren, abrufbar machen. Von der Krankenversicherung kam ein ganzer Packen Papierkram. Schließlich wollte sich ein Berater mit ihm persönlich unterhalten. Am Telefon meldeten sich erste Redakteure lokaler Zeitungen. Ob man ihn vielleicht portraitieren dürfe? Ein Fotograf tauchte unangemeldet auf. Kais Freundschaft glitt uns aus den Händen. Nick, Falk und ich schauten zu. Wir wussten in unserer Verunsicherung nicht, welches Verhalten angebracht war. Hätten wir unermüdlich versuchen sollen Optimismus zu verbreiten? Das war nicht unsere Art und wäre uns verlogen vorgekommen. Ignorieren ließ sich Kais Situation aber auch nicht. Unsere schlimmsten Befürchtungen laut auszusprechen, schien uns taktlos und brachte niemanden weiter. Was immer wir taten brachte keine Erleichterung oder Hilfe in irgendeiner Richtung. Jeder Versuch von der Situation abzulenken fiel sofort als solcher auf. Wir kamen uns selbst verdächtig vor. Inzwischen war Kai bei zwei Meter fünfundzwanzig. Kai bewegte sich wie in einem Puppenhaus. Bei jedem Türrahmen musste er sich verbiegen. Jedes Glas und jede Flasche sah in seinen riesengroßen Händen extrem zerbrechlich aus. Seine Finger erwischten stets mehrere Knöpfe der Fernbedienung gleichzeitig. Stühle drohten unter ihm einzuknicken. Das Ziehen an einer Zigarette oder das Halten einer Gabel wirkte wie einstudierter Slapstick. Er war dieser Welt schlichtweg entwachsen. In der Straßenbahn wirkte er wie Monster unter Menschen. Seine Bewegungen verloren an Selbstverständlichkeit und bekamen etwas erzwungen Künstliches. Überall fiel er auf und rückte automatisch in den Mittelpunkt. Man glotzte ihn an wie einen Mutanten und wenn man genauer überlegte – war er genau das. Nichts funktionierte mehr für ihn. Die Möglichkeit sich anzupassen, sich einzugliedern und in der Masse aufzugehen, war ihm genommen worden. Ziemlich schnell hatte er die Lust an Unternehmungen verloren und wollte nicht mehr nach draußen. Er zog sich in sich selbst zurück.

Wenn ich abends in meinem Bett lag und mir alles an jenem Tag gehörte und erlebte durch den Kopf gehen ließ, umso unwohler fühlte ich mich in meiner eigenen Haut. Ich war sicherlich nicht vollkommen gleichgültig was Kais Zustand anging, aber mein Verstand versuchte die Situation zu relativieren. Wir gewöhnten uns an Kais Leiden wie letztendlich an alles andere auch. Das es ihm dabei keineswegs besser, sondern immer schlechter ging, gehörte irgendwie dazu, löste aber nichts weiter in uns aus. Ganz praktisch gesprochen konnten wir auch nicht viel zur Entspannung der Situation beitragen. Nick, Falk und ich hatten insgeheim die Nase voll, unsere Zeit ausschließlich nur noch mit Kai zu verbringen. Wir wollten in ein leichtes Leben zurück, in dem alles relativ und nichts definitiv war.

Wir wollten Überzeugungen und Standpunkte ohne Zögern über Bord werfen können und uns auf nichts festlegen lassen. Irgendwann, mitten in einer schlaflosen Nacht, konnte ich das diffuse Unbehagen in konkrete Worte fassen: Unsere Fähigkeit zum Mitgefühl war äußerst begrenzt. Das war der Punkt. Wie es bei Nick und Falk genau aussah, wagte ich nicht zu beurteilen, aber ich selbst hatte über die Jahre hinweg einen emotionalen Schutzpanzer aufgebaut, um überhaupt weitermachen zu können. Zu viele negative Schlagzeilen in den Zeitungen. Zu viele katastrophale Bilder im Fernsehen und im Netz. Ich war gesund. Ich war am leben. Es ging mir ganz ordentlich. Vielleicht war ich ein menschlicher, sozialer und emotionaler Krüppel, aber niemand konnte mich zwingen, das zu offenbaren. Ich zahlte Steuern, ging meiner Arbeit nach und wurde nicht straffällig. Also war doch alles in Ordnung, oder? So lange ich in dem Rahmen funktionierte, der mir von der Gesellschaft vorgegeben war, ließ man mich in Ruhe. Das nannte sich dann Freiheit. Und ich funktionierte beschwerdelos.

Dann folgte Kais plötzliches Verschwinden. Wir hatten nicht einmal Zeit uns zu verabschieden oder ein paar Worte zu wechseln. Kai hinterließ lediglich eine Notiz, die mit Tesafilm an Nicks Türe geklebt worden war. Man hatte ihn in eine besondere Forschungsklinik verlegt, die der Öffentlichkeit nicht zugänglich war. Es gab jetzt ein Ärzteteam, das rund um die Uhr eigens für seine Mutation zuständig war. Eine Woche später standen Kais Eltern auf der Matte und räumten seine Wohnung. In meiner Erinnerung hatten sie gerötete Augen und sahen übernächtigt aus. Man konnte oder wollte uns nicht sagen, wohin man ihn genau gebracht hatte. Sein Zustand aber sei alarmierend. Wir diskutierten, ob wir irgendwas tun konnten und wenn ja, was.

In der Folgezeit sah ich weder Nick, noch Falk. Wir waren zu dicht aufeinander gedrängt gewesen, jetzt ging jeder seinen eigenen Beschäftigungen und Ablenkungen nach. Wenn wir uns dennoch abends irgendwo über den Weg liefen, sprachen wir über alles, bloß nicht über Kai. Der innere Frieden war damit aber noch lange nicht wieder hergestellt. Dazu hätte es einer Information, besser noch einer Auflösung bedurft, was genau mit Kai passiert war. Ich wünschte mir etwas Definitives, eine Verbindlichkeit, die mir das Erlebte erträglicher machte. Schlimmstenfalls wollte ich eine verdammt gute Lüge. Aber es kam anders. Eines Abends klingelte mein Telefon und Nick war dran: »Kai ist auf der Flucht. Lass uns reden.«

Nick und Falk holten mich mit dem Wagen ab. Wir waren auf dem Weg zu einer Autobahnraststätte, wo Kai auf uns warten sollte. Keiner sagte einen Ton. Musik vorzuschlagen wagte ich nicht.

Kai hatte Mühe, sich auf der Rückbank einzurichten. Er war unglaublich füllig und weich geworden. Dabei sah er bleich und schlecht aus. Ich übersah es geflissentlich. »Here we are now, entertain us«, begrüßte ich ihn beim einsteigen. Kai quittierte es mit einem müden Lächeln. Während sich Nick wieder in den Verkehr einfädelte, bekamen wir die Ereignisse im Schnelldurchlauf präsentiert. Kai war aus einer Klinik in der Nähe bei Darmstadt geflohen. Sein plötzliches Wachstum war Nährboden für zahlreiche Theorien, aber konkrete Abhilfe ließ sich nicht herbeiführen. Kai äußerte den Verdacht, dass dies auch gar nicht gewünscht war. Möglicherweise würde er für Monate, vielleicht sogar Jahre unter klinischer Beobachtung stehen. Selbst wenn er dabei draufgehen sollte, war er als Phänomen immer noch interessant und für die Wissenschaft, global betrachtet, hilfreich. Ein Individuum, das sich nicht in die Gegebenheiten fügen wollte, konnte niemand brauchen. Um sich dieser Vereinnahmung zu Entziehen und sein Recht auf Selbstbestimmung einzufordern, war er bei nächstbester Gelegenheit geflohen. »Was übrigens gar nicht so einfach war, wie ihr vielleicht glauben wollt«, fügte er resigniert hinzu. Nur mit Hilfe eines Fahrers, der die Schmutzwäsche der Klinik zu einer privaten Wäscherei transportierte, war die Flucht gelungen. Wie es jetzt weitergehen sollte, wusste auch Kai nicht. Er hatte keine Vorstellung von seiner Zukunft. Es ging ihm nicht gut, aber er wollte nicht zurück. Auf keinen Fall. In gutem Glaube hatte er die letzte Packung Tabletten mitgenommen und nahm diese in der vorgeschriebenen Dosierung ein. Während der folgenden Diskussion und der folgenden gedankenschweren Stille raste unser Wagen auf der Überholspur ohne jedes Ziel immer geradeaus. Schließlich einigten wir uns darauf, Kai bis auf weiteres im Proberaum einer befreundeten Band unterzubringen. Dieser befand sich in einer ehemaligen Bunkeranlage aus dem zweiten Weltkrieg tief unter den Straßen der Stadt. Dort gab es immerhin Toiletten, fließendes Wasser und natürlich Strom. Wir schleppten Matratzen, einen DVD-Player samt Fernseher und elektrische Kochplatten hinunter und ließen Kai dort mitsamt einem Korb voller Lebensmittel zurück. Im täglichen Wechsel sollte ihm jeder von uns einen Besuch abstatten.

Ich weiß nicht mehr genau, was ich dachte oder wie genau ich mir den weiteren Verlauf der Dinge vorgestellt hatte. Fest steht, dass alles viel schneller ging, als wir drei es realisierten. Kais Wachstum hatte eine bedrohliche Beschleunigung angenommen. Die letzten zwei Wochen sehe ich wie im Zeitraffer an mir vorüber gleiten. Es ist halb drei nachts. Dieser riesige, insektenhafte Körper, den Kai zurückgelassen hat, liegt leblos vor uns. Wir alle müssen begreifen, dass diese Ansammlung abgestorbener Zellen und toten Fleisches nichts mehr mit jenem Kai zu tun hat, der uns ans Herz gewachsen war. Mit Hilfe einer Sackkarre schleiften wir ihn aus dem Bunker zurück an die Erdoberfläche. Der Transporter sackte nach hinten ab, als Kais sterbliche Überreste schließlich verladen waren und wir die Türen zuknallten. Wir fuhren raus aus der Stadt. Falk übernahm die Aufgabe und übergoss den Leichnam mit Benzin. Ohne zu zögern zündete er ihn mit einem fallengelassenen Streichholz an. Zum Schaufeln waren wir zu faul gewesen, außerdem wollten wir keine Spuren hinterlassen. Kai hatte mit jedem Tag, den er zuletzt auf der Erde war, sichtlich die Größe des Zumutbaren überschritten. Bei einer Größe von knapp drei Metern war das Groteske der Situation nicht mehr zu leugnen. Kai war nicht mehr von dieser Welt. Er passte schlichtweg nicht mehr in sie hinein. Selbst wenn sein Wachstum innegehalten hätte, wäre ein Weiterleben unter gegebenen Kategorien undenkbar gewesen. Dieser Umstand machte ihn einerseits zu einem wirklichen Individuum, andererseits machte es seinen Alltag zu einem Krieg, den er nicht überlebte. Wir verscharrten seine Reste unter einer großen Kastanie im Botanischen Garten. Alle weiteren Fragen müssen wir weit von uns weisen. Kai war einer von uns.

Existenzminimum

Gesegnet sei die Pharmaindustrie. Manchmal habe ich Schmerzen. Ich weiß wovon ich spreche. Wenn aber die Industrie nicht in der Lage ist, ein Mittel für meinesgleichen zu entwickeln, bin ich gezwungen, mich anderweitig umzusehen.

Die Sonne schien durch die Ritzen der alten Fensterrollläden. Die Farbe war zum größten Teil vom Holz abgeblättert. Lange Risse und Furchen zogen sich durch das helle Grau. Einzelne Lamellen waren schief in der Laufrinne hängen geblieben. Man konnte froh sein, wenn sich die Rollläden überhaupt noch bewegen ließen. Ich lag auf meinem Bett, genauer gesagt auf einer Matratze, die quer zum Zimmer auf dem Boden lag, und schaute dem Tanz der Staubpartikel zu, die sich zeitlupenartig im Licht der einzelnen Sonnenstrahlen bewegten. Wie Planeten im Mikrokosmos der Staubmilben. Ich richtete mich auf. Es musste früher Nachmittag sein. Neben meiner Bodenmatratze stand der Plattenspieler. Die Platte drehte sich seit voriger Nacht. Es gab keinen Rückführmechanismus für den Arm, und die Nadel fuhr immer wieder im Kreis der letzten Rille. Auf dem Plattenteller lag ein Weihnachtsgeschenk. Es handelte sich um eine Schnulze von Shakin' Stevens: »Give me your heart tonight« aus dem Jahr 1984. Ich hatte am Abend zuvor im Suff angefangen, alte Singles aus Kellerkartons auszupacken. Bei »Give me your heart tonight« muss ich eingeschlafen sein. Eine halbvolle Rotweinflasche stand noch in Reichweite meines Kopfkissens, und etliche Singles lagen verstreut auf dem Boden. Ich hatte versucht mich abzulenken, nachdem Jessica gegangen war. Im Streit.

Jetzt setzte ich die Nadel wieder an den Beginn der Platte und eröffnete somit die Jagd auf Milben. Seit ich als kleiner Junge eine vergrößerte Mikroskopaufnahme von Staubmilben gesehen hatte, unterlegt mit der Zeile *Sie lauern überall*, verfolgte mich das Bild, wie sich ganze Milbenfamilien in den Plattenrillen tummelten. Sie lebten da, fraßen, hatten Spaß und vermehrten sich. Auf meinen Platten! Wenn ich also eine Platte abspielte, jagte die Nadel durch die Rillen und zerfetzte eine Milbe nach der anderen, zerriss sie in der Mitte, schnitt ihnen Arme und Kopf ab. Dieser Gedanke erfüllte mich mit Genugtuung. Jede Single ein Schlachtfeld. Jeder abgespielte Song ein Kampf auf Leben und Tod zwischen Mensch und Milbe. Ich hielt mein Ohr ganz dicht an die Plattenoberfläche, um sie schreien zu hören, denn sie hatten auf meinen Platten nichts zu suchen. Was blieb, war die schmachtende Stimme von Shakin' Stevens: »Oooh, give me your heart tonight.« Ich nahm einen Schluck aus der Weinflasche. Es schmeckte fürchterlich, aber genauso wollte ich es haben. Als Morgengruß, der mir mein Lebensgefühl bestätigte. Ich spülte die säuerliche Flüssigkeit ein wenig im Mund hin und her. Auf diese Weise gezwungen endgültig aufzustehen, raffte ich mich auf und ging ins Bad, spuckte den Wein aus und betrachtete mein Gesicht im Spiegel. Ich schnitt mir ein paar Grimassen. Der Fratzenschneider auf der anderen Seite wollte mich daran erinnern, dass ich nichts zu verlieren hatte.

Im Kühlschrank fand ich Honig, und es gab frischen Kaffee. Ich riss die Rollläden nach oben und ließ mich von der Helligkeit der Sonne überwältigen. Frühstück bei offenen Fenstern, im Schneidersitz auf der Bodenmatratze. Die

Single war gegen eine Langspielplatte ausgewechselt, und meine Füße wippten im Takt der Musik. *Ich war sie los, ich war sie los. Ich war Jessica wohl endgültig los.*

»Flatsch!«

Die Hand voll Scheiße traf links oben auf die zweimal drei Meter große Leinwand, blieb für einen Moment kleben und rutschte dann nach unten weg, wobei sie eine saftige Schmierspur hinterließ. Außer ein paar rosa Kringel war die Leinwand noch blütenweiß. »Yeah!« rief *der Künstler*. »Inzwischen habe ich die perfekte Konsistenz. Alles nur eine Frage der Verdünnung, mein Junge.« *Der Künstler* strahlte mich an. Eigentlich hieß er David, aber alle nannten ihn nur *den Künstler*. Wir standen in seinem Atelier, das in einem der oberen Stockwerke einer ausgedienten Fabrikhalle untergebracht war. Die Halle war vor einiger Zeit speziell ausgebaut und hergerichtet worden. Jetzt tummelten sich hier viele Hobbyhandwerker in ihren Werkstätten, Maler, Musiker oder Leute, die einfach besonders viel Platz für ihren Sperrmüll brauchten und sich zu diesem Zweck eigens eine Zelle angemietet hatten.

Der Künstler stand ungefähr zwei Meter von der Leinwand entfernt. Neben sich hatte er mehrere Eimer stehen. Einer war halb voll mit Scheiße und ich fragte mich, ob es seine eigene war und falls nicht, von wem sie dann stammte. In einem weiteren Eimer erkannte ich einen Haufen rohe Eier. Gelegentlich stattete ich *dem Künstler* einen Besuch ab. Die Gespräche mit ihm brachten meistens einen frischen Wind in meine ständig vom Austrocknen bedrohten Gehirnwindungen. Aber heute war er nicht allein. Ein Typ mit Jeansjacke und Dreitagebart hantierte an einer großen Fotokamera herum, wobei sein Mund mit ausladenden

Bewegungen einen Kaugummi bearbeitete. Er war mir sofort unsympathisch.

»Gehst du mal ein Stück zur Seite«, forderte er mich auf, ohne dass ich auch nur annähernd im Weg stand. Ja, unsympathisch traf es ganz gut.

Der Künstler griff jetzt nach drei Eiern, der Fotograf präparierte seine Kamera und als *der Künstler* die Eier schließlich warf, klickerte es ununterbrochen in kurzen Intervallen. Als die Schalen aufbrachen, gab es ein knirschendes Geräusch. Das gefiel mir. Während der Künstler in einen weiteren Eimer griff und eine Hand voll Möhrenbrei hervorzauberte, erklärte er: »Das Leben ist Konsumieren und Absondern, in sich Aufnehmen und Ausscheiden. Deswegen auch die Scheiße auf der Leinwand. Alles, die ganze Welt und ihre Biosphäre, ist ein riesiger Organismus. Der Mensch ist nur ein kleiner Teil davon, er steht in einer Reihe mit den Pflanzen und Tieren. Und im Augenblick seines Todes wird er von der Atmosphäre aufgesogen, verdaut und zu etwas anderem umgewandelt. In jedem von uns funktioniert ein perfekter Mechanismus. Leben und verdrängen, schlafen und vergessen, sich erinnern und sterben. Die einzige Konstante bleibt beständige Umwälzung. Im Inneren, wie im Äußeren.«

»Wo hast du das denn her?«, wollte ich wissen.

»Hat mir jemand in der Fußgängerzone erzählt, nachdem ich ihm mein selbstgemachtes Kleingeld in die Reisschüssel geworfen hatte.«

»Und von dieser Philosophie steckt etwas in deinem Kunstwerk?«

»Weiß noch nicht genau. Abwarten, was die Kritiker sagen. Wenn was Schönes dabei ist, werde ich behaupten, genau das sei meine Intention gewesen. Jetzt kommt erst mal das Hackfleisch.« Der Künstler griff in einen weiteren Eimer. »Eigentlich müsste ich menschliches Hackfleisch verwenden, aber das ist gerade so schwer zu bekommen. Den Unterschied merkt eh niemand, machen wir also das symbolische geltend. Obwohl es ein netter Skandal wäre:

- Oh nein, das ist doch meine Oma auf der Leinwand.
- Wo denn? Ich sehe nur Scheiße und Eigelb.
- Nein, warten Sie. Das ist meine verstorbene FRAU!«

Und dann machte es wieder »flatsch«, und Hackfleisch klebte an der Leinwand. Der Fotograf machte weiter Fotos. Diesmal stand er direkt neben mir.

»David« sagte ich leise. »Ich habe die neue Adresse des Voodooman verlegt.«

»Aaaahhh«, macht *der Künstler*. »Voodooman, unser aller Freund. Der Retter in der Not. Er vergibt uns unsere Sünden und erbarmt sich unser. Forscher für eine glückliche Zukunft.«

»Genau den meine ich. Hast du seine Adresse im Kopf?«

»Daher weht der Wind.« *Der Künstler* spielte den Beleidigten. »Deswegen bist du also gekommen? Dich interessiert meine Arbeit gar nicht. Hab ich Recht?«

»Du täuschst dich, Meister«, sagte ich, und das war nicht gelogen. Ich besuchte ihn gern. *Der Künstler* lachte bitter. »Auch du, mein Freund, siehst nicht den Sinn, die Wahrheit hinter meinem Tun?« Ich winkte ab. Er entledigte sich seiner Gummihandschuhe und ging zu seiner Werkbank, zog eine Schublade auf und holte ein Notizbuch hervor. Ich schrieb mir die Adresse mit einem Kugelschreiben auf den Handrücken.

Draußen regnete es. Ein Sommerschauer der heftigeren Sorte. Ich hatte nichts zum Überziehen dabei und keinen Schirm, weil ich überhaupt keinen Schirm besaß. Die Tropfen erwischten mich wie Geschosse. Sie trafen meinen Körper, explodierten, und der Stoff auf meiner Haut begann sich vollzusaugen. Ich verwandelte mich in ein klebriges Restegulasch. *Das geschieht dir recht*, hörte ich Jessicas Stimme in meinen Kopf. Das Wasser tropfte von meinen Haarspitzen, lief mir den Nacken und den Rücken hinunter oder sammelte sich auf der Stirn und rann mir in die Augen. Ich schüttelte mich wie ein Hund. *Das geschieht dir recht.* Trotzdem würde ich mir keinen Schirm kaufen. Wieder sah ich ihr enttäuschtes Gesicht vor mir. Ich schien oftmals an den einfachsten Dingen im Alltag zu scheitern, aber das war mir egal. Ich wusste vom *Künstler*, dass er keine Glühbirne wechseln konnte, weil er Angst vor einem elektrischen Schlag hatte. Dafür malte er die Struktur der Töne in den schillerndsten Farben. Allen Zweiflern hielt er entgegen: »Was, du kannst die Struktur der Töne nicht sehen? Selbst schuld!« Jede Fähigkeit im Leben hatte eben auch ihren Preis.

Ich schlenderte durch den Regen, mit den Händen in den Hosentaschen, damit die Adresse auf meiner Haut nicht verschwimmen konnte.

Jessica. Irgendwann ging es immer zu Ende. Der Motor des Busses dröhnte direkt unter mir. Ich saß ganz hinten, hatte die Rückbank für mich alleine. Wo meine Schuhe auf den Boden trafen, hinterließen sie Pfützen zusammengelaufenen Wassers. Zahllose Melodien tauchten aus dem Nichts auf und schwirrten mir durch den Kopf. Mein Schädel war voll davon. Voll besetzt, verbarrikadiert. Zuckersüß, wunderschön, todtraurig. Die Melancholie tausend sterbender Seelen in sich tragend. Jessica, die Melodie, die sie gewesen war, berührte mich nicht mehr.

Voodooman war umgezogen. Bis vor einigen Monaten hatte er mitten in der Stadt gewohnt. Dann hatte man Anzeige gegen ihn erstattet, und es war ratsam erschienen, den Bunker zu wechseln. Jetzt war er vorbestraft, die Kontaktaufnahme zu ihm war allgemein schwieriger geworden. Dass ich seine neue Adresse überhaupt in Erfahrung hatte bringen können, war nicht Davids Verdienst, sondern der Tatsache zu verdanken, dass Voodooman mich schon lange kannte und mich als Kunden akzeptierte. Andernfalls hätte David nur mit den Schultern gezuckt.

Das neue Domizil lag für Neuankömmlinge so vertrackt wie das verwunschene Schloss des Zauberers. Alle Straßen sahen gleich aus. Ich musste mehrmals nach dem Weg fragen und schließlich wurden die schlimmsten Befürchtungen seit Beginn des Fußmarsches wahr. Die Straße, die ich suchte, lag ganz oben auf einem Hügel und war eine der letzten am Waldrand überhaupt. Eine Sackgasse. Das allerletzte Haus, hinten rechts, und ich war angekommen.

»Ist sie nicht wunderschön?« Voodooman war einen ganzen Kopf größer als ich. Er trug ausgewaschene Jeans und einen Pullover, bei dem der linke Ellbogen herausschaute. Der Stoff hing in Fetzen herunter. Seinen Bart veränderte er ziemlich oft und damit seine ganze äußere Erscheinung. Wieder fiel mir die außergewöhnliche Form seiner Ohren auf und dachte mir: Vorsicht vor diesem Mann. Wer wusste schon, was sich alles in seinem Kopf abspielte. Eine Einschätzung wäre mir nicht möglich gewesen. Sein Blick war intensiv, verriet aber nie etwas. Seine Äußerungen schienen unverbindlich und ironisch und doch hatte man den Eindruck, jedes Wort sei sorgsam geprüft und ausgewählt worden. Er hatte die Aura von Unnahbarkeit. Unerreichbar, innerlich geschmiedet und gehärtet wie Stahl. Wir standen vor einem seiner zahlreichen Terrarien. In diesem Glaskasten, inmitten eines Miniaturdschungels aus verschlungenem Grün, aus Erde und Hitze, saß auf einem Stein ein riesiges Etwas. Und schaute uns an. Die Gottesanbeterin hob ihre Klauen und dreht uns ihren Kopf zu.

»Na ja«, sagte ich.

»Obwohl«, meinte Voodooman und fixierte seine Königin, »sie macht mir Sorgen, denn sie frisst nicht mehr richtig.«

»Vielleicht ist sie atheistisch geworden.«

Ich hätte mir augenblicklich die Zunge abbeißen könne. Voodooman sagte nichts, löste seinen Blick nicht. Die Luft war plötzlich zum schneiden dick. Voodooman hatte für diese Art von Humor überhaupt nichts übrig, wenn es um seine Lieblinge ging. Wie ein Schuljunge stand ich da und rechnete mit einem scharfen Verweis. Mein Körpergewicht verlagerte sich von einem Bein auf das andere. Die Zeit stand still in diesem Raum. Aus den Augenwinkeln konnte ich die kleinen Behälter mit Lebendigfutter sehen. Kleine, schwarze Käfer, leichte Beute. Sie krabbelten wirr umher, ihre zappelnden Beinchen flimmerten vor meinen Augen. Vielleicht, wenn sie könnten, würden sie sich gegenseitig fressen, um ihrem Schicksal zu entgehen. All die Echsen, Schlangen und Spinnen warteten schon. Diese Manifestation an Leben aus schuppiger Haut, klebrigen Zungen, verdrehbaren Augen, behaarten, langen Beinen. Diese Ansammlung an Reißzähnen, Fangarmen, Giften und ewigem Hunger. Ein Maul schnappte zu und man konnte bezeugen, wie ein kleiner Schutzpanzer aufgebrochen wurde und sich das Leben stückchenweise verflüchtigte, auflöste und verschwand. Nicht mehr nachweisbar.

»Also, was soll es denn diesmal sein?«

Mein Blick war auf eine schwarze Krähe gerichtet, die ausgestopft auf einem Ast an der Wand saß. Wir waren in Voodoomans Büro. Durch eine halbgeöffnete Tür, die in einen Nebenraum führte, sah ich in das Labor der Träume. Reagenzgläser, seltsame Apparaturen und jede Menge Flaschen, die Flüssigkeiten und Destillate enthielten, deren Eigenschaften, Möglichkeiten und Gefahren das Verständnis des Durchschnittsmenschen bei Weitem überstiegen. Voodooman forschte nach einer ganz bestimmten Sache, da war ich mir sicher. Nichts sonst interessierte ihn. Wenn er vereinzelt Geschäfte mit Leuten wie mir machte, dann nur des Geldes wegen, das er für seine Forschung brauchen konnte. »Ich will was mit Langzeitwirkung«, sagte ich. »Etwas, das über mehrere Wochen anhält, direkt in mein Gehirn geht und mich trotzdem dazu befähigt, am Alltag teilzunehmen. Ich will eine Art Filter, etwas, das die Wahrnehmung auf subtile, aber beständige Weise verändert.« Ich überlegte. »Ich will auf den Grund der Dinge sehen. Ich will die Wahrheit hinter der Oberfläche erkennen können. Die Motivation und die Energie sollen mir offene Bücher sein. Weißt du, was ich meine?«

Voodoomans Augen glühten. Er lächelte.

Drei Wochen später war es soweit. Nach einem Anruf stopfte ich einen dicken Briefumschlag in meine Jackentasche und machte mich erneut auf den Weg. Das Haus zu finden war auch diesmal noch keine Kleinigkeit. Aber anstatt zu fragen, zog ich es vor ein paar Sackgassen zu erkunden und mich ansonsten auf meinen Instinkt zu verlassen.

Voodooman verfrachtete mich auf die Couch seines Wohnzimmers. Er schien maßlos übernächtigt zu sein. Die

Luft um seine Erscheinung war praktisch am Vibrieren. Ich wagte kaum zu atmen, aus Angst ansonsten einen Stromschlag abzubekommen. Ich zückte den Briefumschlag und legte ihn auf den Tisch, direkt neben die kleine zweckentfremdete Hustensaftflasche, deren pulverförmiger Inhalt rötlich schimmerte. Voodooman zählte das Geld, gähnte und nickte.

»Okay. Nennen wir es … Rapsodelapront. Dir ist hoffentlich klar, dass es keinen Beipackzettel über mögliche Nebenwirkungen gibt. Und wir sind uns sicherlich einig, dass niemand weiß, was die Zukunft bringen mag und Krankenversicherungen eine sinnvolle Sache sind?«

»Ja. Ich will dieses Zeug um alles in der Welt.«

»Gut. Du kannst das Pulver in jedes beliebige Getränk einrühren. Es ist geschmacks- und geruchsneutral. Ein gehäufter Teelöffel alle drei Tage. Das müsste reichen. Du kannst mit der Dosis natürlich experimentieren, aber sei vorsichtig. Lass dir Zeit. Und lege dir am besten einen Tageskalender zu, in dem du Beobachtungen deinen körperlichen Zustand betreffend eintragen kannst.«

Zu Hause angekommen schluckte ich erst einmal Schaflabletten. Ich wollte mich innerlich reinigen, meinem Denken eine Auszeit verschaffen und ins Vergessen abtauchen.

Das erste, was mir gut siebzehn Stunden später durch den Kopf ging, war die Gewissheit, dass ich mich immer, so lange ich am Leben war, allein fühlen würde. Und meistens auch allein war. Allein mit mir selbst. Mein zweiter Gedanke galt Rapsodelapront. Ich nahm einen halben Teelöffel, löste ihn in Wasser auf und ging duschen. Meine bisherige Drogenerfahrung hatte mich gelehrt, nicht krampfhaft auf das Einsetzen einer Wirkung zu warten. Die aufmerksame Selbstbeobachtung stellte zu Anfang eine künstliche Situation dar, die es einem unnötig schwer machte. So beschloss ich zunächst anständig zu frühstücken, meine Wohnung in Ordnung zu bringen und spazieren zu gehen.

Man mag es wissenschaftlich noch nicht nachgewiesen haben, aber ich lebe in einem Jahrtausend, in dem die Sonne schneller untergeht als zu früheren Zeiten. Mit diesem Wissen gewappnet und bewaffnet laufe ich durch die Strassen. Bahne mir meinen asphaltierten Weg durch das Betriebssystem des Stadtdschungels. Im Vorteil ist, wer die Information hat. Auf beiden Seiten der Route wachsen die Häuser in die Höhe und atmen Abgas durch das Glas der Fenster. Dunst hat meine Augen beschlagen. Dreck brennt unter der Nagelhaut meiner Gehirnzellen. Anstelle der Lunge bleiben mir zwei Beutel voller Staub. Mein Herz schlägt unausweichlich einer Offenbarung entgegen. Ich wünschte, ihr könntet die Welt durch meine Augen sehen. Alles ist neu. Ich habe die Zivilisation überwunden.

Für einen Freund

Irgendwie geht's immer weiter. Das stimmt. Die Frage ist nur, unter welchen Umständen und zu welchem Preis. Während die einen aus einem Impuls heraus volles Risiko eingehen, »einfach mal machen« und ins Blaue hineinschießen, stecken sich die anderen ein Ziel, entwerfen die Route und gehen dann los. Erstere glauben sich vom Leben überraschen zu lassen und mit intensiven Erfahrungen belohnt zu werden. Letztere haken Etappe für Etappe ab, freuen sich über den erkennbaren Fortschritt und glauben an Kontrolle. Gelebt werden muss. Unerwünschte Nebeneffekte gibt es immer. Garantien für ein geglücktes Dasein gibt es keine. Jeder hadert mit dem, was er hat. Zufrieden ist niemand. Jeder versucht, das auszugleichen, was ihm seiner Meinung nach noch fehlt. Vielleicht ist das die Idee der Erlösung: Jemand anderer sein zu können als der, der man ist. Jenseits der eigenen Vorstellungen. Aber wolltest du wirklich tauschen?

Ich kann Sonjas Atem spüren. Sie haucht ihn direkt auf mein Herz. Mit einer Dose Bier in der Hand sitze ich in ihrem riesigen Bett an die Wand gelehnt und starre in die Dunkelheit. Ihr Kopf liegt auf meiner Brust, meine Finger graben sich in ihr weiches, langes Haar. Ihr Körper fühlt sich warm und schwer an. Durch die heruntergelassenen Jalousien der Einzimmerwohnung scheint der Mond. In einem Sessel vor dem Bett schläft Falk den bewusstlosen Schlaf der Gerechten. Nach diesem Tag wird unsere Freundschaft nicht mehr dieselbe sein. Dessen bin ich mir ziemlich sicher. Ich wünschte, auch ich könnte jetzt einfach schlafen und mich damit der Last der Welt entziehen. Kann ich aber nicht. Aus der Wohnung unter uns dröhnt Musik in unglaublicher Lautstärke. Bands, die ich nicht mag, Songs, die mich nerven. Mein Blick fällt auf den Wecker in Form einer Comicfigur. Es ist kurz nach halb vier. Mir fährt ein sanfter Schauer über den Rücken, als ich das Zahlenspiel durchschaue. Dreieinhalb Jahre und ein paar Wochen entsprechen genau der Zeitspanne, die ich jetzt mit Sonja zusammen bin. Länger als ich es mir je hätte träumen lassen. Und es lief ganz gut. Nicht reibungslos, nicht ohne Szenen, aber letztendlich trotzdem gut. Ich drücke die Kippe im Aschenbecher aus und suche nach der Schachtel. Sie muss irgendwo auf dem Boden neben dem Bett liegen. Als ich sie gefunden habe, zünde ich mir die letzte Zigarette für diese Nacht an. Danach werde ich versuchen zu schlafen. Trotz der lautstarken Musik, die nach wie vor von unten heraufdröhnt. Es wundert mich, dass bisher noch keiner der Nachbarn Radau geschlagen hat. Großmütige Toleranz wäre mir neu in diesem Wohnblock. Und es können wohl schlecht alle taub oder in Urlaub gefahren sein. Diese Art von Stadienrock riecht nach besoffener Verbrüderung, die keine zwei Stunden überdauert. Nach Auszeit vom Alltag zwischen selbst aufgebautem Zelt und Dixiklo. Nach Kopfweh und Rückkehr in ein Leben, das als Ramschware am Wühltisch übriggeblieben war und das man jetzt leider nicht mehr zurückgeben kann. Diese schabloniert-formatierte Armseligkeit wurde ihnen präsentiert von Kommerzradio.

In meiner Brust spürte ich einen Knoten, wie ich Falk so mit einer dünnen übergeworfenen Decke schlafen sehe. Darunter ist er vollkommen nackt, und wenn er morgen früh aufwacht wird er nicht einmal mehr wissen, wie es dazu kam. Als ob es einfach passiert wäre, ohne unser Zutun. Waren wir nicht Freunde von Kindesbeinen an gewesen? Ich hoffte, wir würden es bleiben. Was hatte sich über die Jahre hinweg nicht alles angesammelt. Ein zähflüssiges Konglomerat aus kleinen Sünden: Gebrochene Versprechungen, Meinungsverschiedenen, die nie offen ausgetragen wurden, verächtliche Blicke, stumme Vorwürfe. Nicht zurückgezahlte Schulden, hässliches Geläster hinter dem Rücken des anderen, über die Freundin, über das, was man angeblich gesagt oder getan hatte. Dieser Schlamm war zur Lava in einem brodelnden Vulkan geworden. Es war längst zu spät, um nach dem einen Grund zu suchen. Dieser Unfall ließ sich nicht mehr rekonstruieren. Die Antwort bestand aus Trümmern, Scherben und inneren Blutungen. Nick und ich hatten Falk die Rechnung präsentiert und holten unsere emotionalen Kredite samt Zinsen zurück. Im Lauf dieser Aktion fanden wir uns im Großstadtverkehr wieder. Das Wetter war gut an diesem Sonntagnachmittag. Wir, im Auto, waren beseelt von grimmiger Entschlossenheit. Falk, nackt auf dem Dachträger, war entseelt vor lauter Drogen. Unser Wagen zog die Blicke auf sich. Hin und wieder wurde freudig gehupt. Andere zeigten uns den Vogel. Gerechterweise muss man ja auch sagen, dass diese Blicke nicht uns, sondern Falk galten. Das waren seine fünfzehn Minuten, auch wenn er sich in die Bewusstlosigkeit geflüchtet hatte. Wir standen an einer Ampel, als Falk von oben über die Windschutzscheibe kotzte. Leider hatten wir das nicht gefilmt. Aber das Bild, wie die Scheibenwischer die Kotze über die Scheibe verteilten, war auch nicht schlecht.

»Was erzählen wir eigentlich den Bullen, wenn sie uns anhalten?«

»Tja, ich würde mal sagen … keine Ahnung.«

Da Falk ohnehin vor kurzem erwähnte, dass er seine Eltern mal wieder besuchen wollte, erledigten wir das gleich zusammen. Sie waren naturgemäß nicht gerade begeistert ihren Sohn in diesem Zustand zu sehen. Wir erzählten was von einer verlorenen Wette, und um die Schmach ein wenig zu mildern, hätte er vorneweg etwas getrunken. Während wir Falk mit einem Taschentuch sorgfältig den Mund abwischten, überprüfte sein Vater sorgsam die Fesseln. Aber zu beanstanden gab es da nichts. Wir hatten ihn wirklich gut und so weich wie möglich verknotet. Die Einwände seiner Mutter, der Junge könne sich doch erkälten, quittierten wir mit eisigem Schweigen. Die Sequenz, in der die beiden unserem Wagen hinterher winken, war ein großer Moment in der Geschichte des Heimkinos. Ich liebe meine Kamera. Sie durchbricht die Oberfläche des Lebens auf ihre eigene Weise. Wenn ich mit ihr filme, ist das wie beten für mich. Wie ein Ritual, das Leben spendet. Wie das Graben mit einer Schaufel, das den Körper zwar anstrengt, ihm aber zugleich Kraft und Geschmeidigkeit schenkt. Die Kamera macht Dinge sichtbar, die vor unseren Füßen liegen, aber denen niemand Beachtung schenkt. Durch den Schnitt bin ich in der Lage, Zusammenhänge des Alltags zu kappen und neue, künstliche Verknotungen zu schaffen, auf dass sich ein neuer Kosmos bilde. Irgendwo rückt das Ganze damit in die Nähe zum Paranoiden. Denn was macht der Paranoide anderes als Zusammenhänge herzustellen, wo keine sind? Aber vielleicht ist das der falsche Ansatz. Es geht gar nicht darum, was man sieht. Es geht um das, was man nicht sieht. Um den Hintergrund, vor dem sich alles abspielt. Und die Kulisse für den heutigen Drehtag war neben Falks Elternhaus ein von uns häufig besuchtes Straßencafé. Wir stellten Falk ein Glas mit Honigmilch auf das Dach und banden ihm eine Hand frei, während wir uns lässig an die Motorhaube lehnten und das Fotohandyohneblitzlichtgewitter über uns ergehen ließen. Völlig unerwartet tauchte dann noch seine Ex-Freundin auf, praktisch als Überraschungsgast. Sie ließ eine schadenfrohe Tirade vom Stapel. Wir hatten den Eindruck, dass Falk etwas erwidern wollte, aber außer sinnlosem Gestammel und seltsamem Geblubber kam nichts über seine Lippen. Als neugierige Passanten dann aber anfragten, ob sie mal auf Falks Arschbacken klatschen durften, sahen wir zu, dass wir wegkamen.

Wieder im Wagen sitzend kamen mir erste Zweifel. Wahrscheinlich waren wir zu weit gegangen. Einige Filmsequenzen hatten wir bereits im Netz hochgeladen und waren für alle Welt zugänglich. Unser Rausch hieß Rache, und wir hatten uns hemmungslos bedient, immer im guten Glauben, das Recht befände sich auf unserer Seite. Wie tief hatte ich mich von meinen eigenen niederen Instinkten nach unten ziehen lassen? Ja, ich wollte Falk leiden sehen. Vielleicht wollte ich ihn für alle Unzulänglichkeiten der Menschheit, inklusive meiner eigenen, bestrafen und demütigen. Je tiefer ich in mich selbst hinabschaute, umso erschrockener erkannte ich, wie viel niedere Kreatur in mir steckte.

Ich mache mich vorsichtig von Sonja los und lasse sie sanft auf die Kissen gleiten, um sie nicht zu wecken. Im Spiegel erhasche ich einen flüchtigen Blick auf meine eigene Gestalt. Beim letzten Friseurbesuch hatte es ein kleines Missgeschick gegeben. Meine Haare waren viel zu kurz geraten. Doch mit jedem vergangenem Tag würde dieser Umstand an Bedeutung verlieren. Ganz unten im Schrank finde ich noch einen verwaschenen Pulli von Sonja, den ich mir über den Oberkörper streife. Um ein wenig fieser zu wirken, ziehe ich eine Skimütze mit herausgeschnittenen Augenlöchern über mein Gesicht, die wir noch vom Fasching übrig haben. Dann gehe ich ein Stockwerk tiefer, um der lautstarken Musik ein möglichst schnelles Ende zu bereiten. Die Türklingel ist bei diesem Lärmpegel überhaupt nicht zu hören und bleibt entsprechend erfolglos. Also verlege ich mich auf lang anhaltendes Hämmern. Keine Reaktion. Erst als ich mit dem Fuß zusätzlich auf das Holz eintrete, werden aus dem Raum Geräusche hörbar. Inzwischen müsste eigentlich das ganze Haus auf den Beinen sein. Es ist mir ein Rätsel, warum ausgerechnet ich mich hier für die Durchsetzung der Nachtruhe stark mache. Es kann mir niemand erzählen, dass die Nachbarn bei diesem Lärm auch nur ein Auge zukriegen. Als die Tür aufschwingt, weht mir der Gitarrenlärm wie eine Orkanböe entgegen und ein Schatten legt sich über meine Gestalt. Er ist zwei Köpfe größer als ich und doppelt so breit. Und das nicht etwa, weil er fett wäre. Schwere Stiefel, eine bleiche Jeans und die radikale Kurzhaarfrisur springen mir ins Auge. Er sagt keinen Ton, schaut mich nur an.

»Was gibt's?« will er schließlich wissen. Aus dem Wohnungsinneren kommen undefinierbare Geräusche. Ich frage mich, ob er allein da drin haust oder noch Kollegen zu Besuch sind.

»Die Musik«, schreie ich.

»Ja?«

»Ich kann nicht schlafen.«

Sein Gesicht rückt näher an meines. Jetzt erkenne ich den glasigen Blick und rieche den Alkohol. Plötzlich komme ich mir unter meiner Skimütze ziemlich albern vor. Es atmet sich schwer darunter. Mir ist schlagartig heiß geworden.

»Jetzt pass mal auf«, schnauzt er mich an. »Der links neben mir beschwert sich nicht. Der rechts neben mir beschwert sich nicht und der von gegenüber beschwert sich auch nicht. Also was willst du?«

Vor meinem geistigen Auge spielt sich ein worst-case Szenario ab. Er packt mich am Kragen, zieht mich in die Wohnung und die Tür fällt krachend ins Schloss. In der Wohnung sitzen noch drei oder vier Gleichgesinnte und haben nur auf einen wie mich gewartet. Meine Schreie mischen sich mit der lauten Musik. Keiner wird sie hören und falls doch, wird keiner, absolut keiner Lust haben nachzusehen, was genau da vor sich geht. Ich denke an Falk, der praktisch bewusstlos ein Stockwerk über mir im Sessel hängt. Nach einem Tag wie heute wird er ohnehin keine große Lust mehr verspüren, mir zur Seite zu stehen. Sonja schläft tief und fest. Warum konnte ich in ihren Armen nicht einfach wegdösen? Es wäre äußerst unpraktisch, wenn sie leichtbekleidet und allein nach unten käme, weil sie mich mit ihrem siebten Sinn hier vermutet. Noch bevor ich etwas sagen kann, macht der Hüne einen Schritt auf mich zu und reißt mir die Mütze vom Kopf. Es ist mir nicht entgangen, dass er durch die ruckhafte Bewegung Probleme mit dem Gleichgewicht hat. Offenbar ist er doch besoffener als ich dachte. Skeptisch betrachtet er mein Gesicht.

»Die Musik ist zu laut«, beharre ich. »Ich kann nicht schlafen.« So wie es aussieht, hat er mich nicht richtig gehört. Der Gesichtsausdruck bleibt unbewegt. Seine Augenlider stehen auf halbmast. Plötzlich zeigt er mit ausgestrecktem Zeigefinger auf meine zu kurz geratenen Haare und dann auf meinen Pulli. Ich blicke an mir herunter. »Lonsdale« lautet der Aufdruck. Die Marke war früher mal in Mode gewesen. Sonja hatte ihn lange vor unserer Zeit aus London mitgebracht. »Mein Bruder«, haucht der Riese vor mir, beugt sich zu mir herunter und küsst mich auf den Mund. Die Musik wummert mit unvermittelter Lautstärke aus der Wohnung. Das trübe Licht der Gangbeleuchtung scheint für den Moment noch trostloser. Der Boden mit seinem dünnen Teppichüberzug zeigt starke Abnutzungserscheinungen und ist an manchen Stellen durchgewetzt. Eine große Schnake zittert mit ihren langen Beinen an der weißen Wand entlang und stößt immer wieder an die Deckenlampe. Instinktiv wische ich mir mit einer fahrigen, kraftlosen Bewegung den Mund ab. Das angeschlagene Ungetüm steht vor mir, schwankt dabei aber leicht hin und her. Ich bin mir jetzt sicher, dass er allein in der Wohnung ist. An seiner Schulter vorbei kann ich einen Teil des Zimmers sehen: Ein Stuhl, ein kleiner Fernseher auf einem Holzregal, ein Bierkasten. Auf dem Boden liegen leere Flaschen und ein paar Cd-Hüllen herum. Aus dieser kahlen, kalten Wohnung weht der trostlose Hauch der Einsamkeit. Er rülpst laut. Kurz darauf erlischt das Treppenhauslicht. »Hey«, stößt er seltsam heiser hervor, »hey, hey.« Dabei wirkt er so weggetreten wie ein Wachkomapatient. Für einen Freund, für einen schlichten Saufkumpan in dieser Nacht würde dieser Mann ein Königreich geben. Er kippt nach hinten weg, lässt sich gegen die Treppenhauswand prallen und klatscht seine riesige Pranke gegen den Lichtschalter. Für eine Sekunde schließe ich die Augen. Er winkt mir zu, ich solle eintreten. In seinem Blick kann ich lesen, dass er mir ein Bier anbietet, und ich frage mich, ob ich in dieser Nacht vielleicht wirklich nichts besseres zu tun habe. Frage mich, ob ich mich auf den Stuhl setzen und der Geschichte dieses Menschen lauschen sollte. Unsere Augen treffen sich für den Bruchteil einer Sekunde, dann wende ich mich ab und gehe den Weg zurück, den ich gekommen bin.

Als ich mich wieder zu Sonja ins Bett lege, bricht die Musik unter uns unvermittelt ab. Die plötzliche Stille lastet unnatürlich schwer im Raum. Wie ein Riss, der durch die Eingeweide geht. Sonja dreht sich im Schlaf von mir weg. Ich betrachte Falk, und ein eisiger Schauer überkommt mich. Was haben wir getan? Nichtigkeiten beherrschen unser Leben bis wir sterben. Manche Fehler lassen sich nicht rückgängig machen. Und was werden wir sagen, wenn eines Nachts jemand vor unserer Tür steht und die Wahrheit wissen will?

Hollywood

Das kleine Kino ist nur schwach besetzt. Freie Platzwahl. Heike zögert nicht eine Sekunde, und ich habe keine Lust zu protestieren. Mit einem unbestimmten Ächzen lassen wir uns in die tiefen Polstersitze fallen und warten darauf, dass sich der Vorhang hebt. Neben uns sitzt eine junge Familie, die Eltern mit ihrem kleinen Sohn. Er zappelt herum und ist sichtlich aufgeregt. Irgendwann ermahnt ihn seit Vater, jetzt sitzen zu bleiben, und verteilt das Popcorn. Alle drei rascheln und knuspern munter vor sich hin. Wir drücken auf den Tasten unserer Mobiltelefone herum, schalten sie vorübergehend ab. Dann greifen auch wir ins Popcorn, stopfen uns den Mund so voll, dass die Hälfte daneben geht. Summertime. Living is easy. Lautstark beginnt die Werbung.

Heike und ich begegneten uns auf der Fortbildungsmaßnahme unseres gemeinsamen Arbeitsgebers. Verschiedene Filialen waren zusammengewürfelt auf die Reise geschickt worden. Der örtliche Linienbus karrte uns morgens zum nahegelegenen Schulungszentrum und brachte uns abends wieder zurück zur Pension. Am Ende einer langweiligen Woche gab es ein kleines Abschlussfest. Ich saß auf dem Boden, lehnte betrunken an der Wand und ärgerte mich, wie unaufmerksam die Leute über mich hinweg stiegen. Meine Hämorrhoiden juckten. Gern hätte ich mich hemmungslos am Arsch gekratzt. Vermutlich waren sie das einzige an mir, das mich zu einem echten Mann machte. Schräg gegenüber saß Heike in einer Gruppe Kolleginnen. Von der Früchtebohle hatte sich ein Stück Ananas zwischen ihren Zähnen verhakt. Immer wenn sie lachte oder grinste, konnte ich es sehen. Sie grinste viel. Dabei war ich mir sicher, sie wusste oft selbst nicht, warum. Ich schaute sie mir genau an. Ich fixierte sie. Wie sie da saß, eine Hand unter den Po geschoben. Ihre halblangen Haare, die etwas stämmigen Schultern. Ihre Augen sendeten verstümmelte Signale durch den Raum. Und in dieser Sekunde wusste ich es. Ich wusste einfach alles. Über sie und mich und unsere gemeinsame Zukunft.

Ich war allein. Sie war allein. Da ich etwas größer war, konnte sie ihren Kopf an meine Schultern lehnen. Das gab uns beiden ein gutes Gefühl. Wir sahen durchschnittlich aus, waren weder auffällig hässlich, noch bemerkenswert schön. Ich verdiente mir meinen Lebensunterhalt und wusste ansonsten nichts Richtiges mit mir anzufangen. Heike ging es genauso. Wir wohnten in derselben Stadt in entgegengesetzter Richtung. Wenn wir uns trafen, dann stets in der Mitte. Sie wollte jemanden, der sie in den Arm nahm und sagte: »Ich liebe dich. Ich brauche dich. Du bist was ganz besonderes.« Das konnte sie bei mir haben. Kein Problem. Wir würden uns diese magische Formel so lange gegenseitig ins Ohr flüstern, bis es keinen Zweifel mehr gab. Denn dort, wo das Männchen gut geblasen und anständig bekocht wird, schlägt es freimütig sein Pfadfinderzelt auf. Rollenverhalten war kein Thema für uns. Wir fühlten uns frei davon. Wir waren noch keine dreißig, aber auch keine zwanzig mehr. Unser beider Leben war in eine undefinierte, verschwommene Phase eingetreten. Alles hatte an Bestimmtheit, an Kontur verloren wie ein überraschend schnell vergilbtes Foto. Wir glaubten nicht mehr an die Ideale von früher. Diese spontane Selbstverständlichkeit war verloren gegangen. Dieses unerschütterliche Selbstvertrauen, dass irgendwie schon alles klargehen würde. Wir waren verunsichert, wehrten uns aber gegen das, was uns von der Gesellschaft angeboten wurde. Und wir bekamen Kopfweh bei der Vorstellung, dass wir möglicherweise das Beste in unserem Leben bereits verloren hatten. Es gab niemanden, der uns die neuen Spielregeln aufgezwängt hätte. Wir lernten sie schließlich von ganz allein. Tief in unseren Plastikseelen hatten wir diesen Ruf vernommen, der uns lockte. Wir wollten einfach nur normal sein, so wie alle anderen auch. Wir wollten akzeptiert werden, und wir wollten glücklich sein. Kein Einsatz war zu hoch. Noch besser, wenn unser Glück nach außen strahlte, so dass alle es sehen konnten. Wir würden in den Berufen, die wir ausübten, keine Karriere mehr machen. Wären wir gefragt worden, so hätte das auch niemals unseren Absichten entsprochen. Unsere vergangenen Absichten aber waren ein dunkles Loch, das wir nicht mehr aufzudecken wussten. Wir verließen uns insgeheim darauf, dass der andere unsere Gedanken, unsere Blicke oder unsere Lippen lesen konnte. Wir artikulierten nichts, wir beklagten nichts, ganz offensichtlich wünschten wir nichts, litten wir nichts, oder doch? Es gab da eine wiederkehrende Phantasie, die ich hatte: Vor mir stand der Teufel und griff nach meinem Herzen. Er riss sich kleine Stücke davon ab, so wie ich selbst Krumen aus einem frischen Brotlaib pulte. In kleinen Portionen knetete er meine Empfindsamkeit und Lebenskraft zwischen seinen Fingern bis nichts mehr davon übrig war. Immer dann wenn ich zu sterben drohte, schlug ich entsetzt die Augen auf. Aber im wirklichen Leben hatte ich dieser allumfassenden Hilflosigkeit nichts entgegenzusetzen. Ich riss die Augen weit auf, aber es gab einfach nichts zu sehen. Hatte ich mit zwanzig noch gedacht, dass die übelste Phase jetzt überstanden sei, so musste ich mir eingestehen, dass die Twen-Jahre zwar anders, aber nicht zwangsläufig besser waren. Und langsam bekam ich eine Ahnung, dass mir das schlimmste erst noch bevorstand. Wir lebten unser kleines Leben, pflegten unsere Gewohnheiten, existierten als Partikel einer Masse, die sich Menschheit nannte.

Wir waren Teil eines Ameisenhaufens, glaubten aber eisern an unsere Individualität. Wir trugen Jeans und Turnschuhe oder was sonst eben gerade als zeitgemäß vermarktet wurde. Wir kauften in Supermärkten ein und hörten Radio. Manchmal gingen wir zu McDonald's, obwohl wir gehört hatten, dass es politisch nicht korrekt sei. Unsere Wohnung stammte aus dem Ikeakatalog. Als mündige Bürger verpassten wir keine Gelegenheit unser Wahlkreuz zu machen, außer bei sehr schlechtem oder sehr gutem Wetter. Wir galten noch als jung und waren gesund. Diese Attribute hatten sich in unserem Bewusstsein verankert. Obwohl klar war, dass es keine Leistung darstellte, dass es nicht unser Verdienst war. Wir waren unabhängig voneinander mäßig verschuldet. Wir wussten, was angesagt war, auch wenn wir unser Leben nicht unbedingt danach richteten. Wir machten uns über Trends lustig, hielten uns über diese aber stets auf dem Laufenden. Das Wasser kam aus dem Wasserhahn, der Strom aus der Steckdose. Und warum auch nicht. Wenn wir es darauf angelegt hätten, wären wir mit Sicherheit auf eine wissenschaftliche Untersuchung, auf ein künstlerisches Manifest oder eine esoterische Sekte gestoßen, die unser Lebensgefühl bestätigt hätte. Wir waren im Recht. Wir brauchten uns keine Gedanken zu machen oder gar ein schlechtes Gewissen zu haben. Es war alles gut so wie es war, was aber keinesfalls bedeutete, dass wir uns als zufriedene Menschen bezeichnet hätten.

All das hatte ich klar und deutlich vor mir gesehen, während sich Heike versehentlich das Stück Ananas auf die Hose spuckte während sie lachte. Ich rappelte mich hoch, ging zu ihr rüber und sprach sie an. Ich schilderte ihr meine Sparausgabe von Dantes Höllenfahrt in möglichst bunten Farben und mit einer Spur Optimismus. In Zeiten, in denen selbst große Unternehmen fusionierten, um auf dem freien Markt bestehen zu können, konnte es auch für den kleinen Mann und die kleine Frau nur von Vorteil sein, sich zusammen zu tun.

»Du bist betrunken«, war das erste was sie mir sagte. Und dann: »Außerdem empfinde ich überhaupt nichts für dich.«

»Geht mir genauso«, meinte ich. »Aber lass uns so tun als ob.«

Sie zögerte. Hinter ihrer Stirn begann es zu arbeiten. Ihre bisherigen Erfahrungen wurden mit ihren bisherigen Erwartungen abgeglichen. Ihre Wünsche für die Zukunft mit den Chancen, die sie noch zu haben glaubte, verrechnet. Ihr Wagemut und Optimismus von ihren Ängsten aufgesaugt. Sicher war sicher. Die Mechanik des großen Weltgetriebes funktionierte zuverlässig und einwandfrei. Nach wenigen Sekunden hatte sie Kleinmädchenträume beerdigt. Alte Prinzipien waren urplötzlich Ballast und flogen über Bord.

»Okay«, sagte sie schließlich und schaute mich an. »Okay.« Wir besiegelten das ganze mit einem lauwarmen Kuss.

Auf der Leinwand vor uns entspannen sich inzwischen dramatische Szenarien. In noble Häuser wurde eingebrochen. Väter mussten ihre Kinder, ihre Frau, ihre Ehre verteidigen. Schlimme Bösewichter trieben ihr Unwesen. Frauen ermahnten ihre Männer vorsichtig zu sein. Männer beruhigten ihre Frauen indem sie sagten: »Mach dir keine Sorgen, Schatz. Es wird schon nichts passieren.« Es galt wieder Recht und Ordnung herzustellen. Am besten mit einer riesigen, schicken Designerknarre. Die Ranger, mit großen Hüten auf dem Kopf, fuhren in noch größeren Jeeps in die aufgehende Morgensonne. Menschen starben, Menschen verliebten sich, Menschen betrogen sich, belogen sich. Menschen versöhnten sich wieder, zeugten fleischige, kleine Nachkommen. Innerhalb weniger Minuten wurden komplette Lebensläufe zerbrochen, im Quadrat revolutioniert und neu aufgewertet. Alles passte, alles war perfekt, alles ergab Sinn und nie bekam jemand ernsthafte Zweifel. Wenn Bedenken auftraten, so kehrte der Betroffene doch stets zur alten Ordnung zurück, verbunden mit der Einsicht es sei die beste aller Welten, die es geben konnte. Alles war aalglatt, bedeutungsschwanger aufgeblasen und dabei doch völlig leer. Irgendwie war auch alles egal. Alles schien auf einer Ebene zu liegen. Nichts berührte wirklich, nichts ging richtig tief unter die Haut und drang bis in die Herzen vor. Vielleicht, dachte ich mir, ist Hollywood einfach nur die Fortsetzung der amerikanischen Außenpolitik mit anderen Mitteln.

Kaum geht das Licht an ist alles vergessen. Wir werfen unsere zerknüllten Popcorntüten unter den Sitz, stehen zusammen mit allen anderen auf und lassen uns zum Ausgang schieben. Der kleine Junge neben uns sieht richtig mitgenommen aus. Seine Mutter beruhigt ihn. Alles sei nur gespielt gewesen, nicht sei echt. Die Menschen verstellten sich nur nach außen hin. Und der Junge gibt sich mit dieser Antwort zufrieden. Heike fasst mich an der Schulter und deutet mit dem Kinn in Richtung des Jungen. Ich habe schon verstanden und rechne im Kopf durch, was uns das kosten wird. Ein neuer Wagen wäre mir lieber. Aber dann wird es eben ein kleineres Auto. Vielleicht ein Kombi, die sind so unglaublich praktisch. Ich lächele in Heikes Augen. »Na klar«, sage ich. »Wird auch höchste Zeit.« Sie lächelt zurück. Gibt mir einen Kuss. Entscheidend in jeder Geschäftsbilanz ist immer noch das, was am Ende dabei herauskommt. Draußen auf der Straße fahren wild hupende Autos vorbei. Fahnen hängen aus den Fenstern und wehen im Wind der Schiebedächer. Ich habe keine Ahnung, um was es dabei geht, aber ein Gefühl stellt sich sofort ein: Wir haben gewonnen. Wir sind einfach mal wieder gut. Wir haben es voll drauf.

Karawane

Im ganzen Haus herrschte Grabesruhe. Nachts zwischen drei und vier fiel es sogar ihm leicht, sich von einem Toten zu unterscheiden. Immerhin konnte er sich noch bewegen, und der Rücken tat ihm weh. Er saß schräg auf der Couch im Wohnzimmer, wo er eingeschlafen war. In seiner Hand lag die Fernbedienung. Wenn das auch niemanden interessierte, so war er doch ein klein wenig stolz darauf, wenigstens nicht vor dem laufenden Fernseher das Bewusstsein zu verlieren. Im Nachhinein konnte er sich nie daran erinnern, aber ganz offensichtlich drückte er stets die Abschalttaste, bevor er wegdämmerte. Einen Augblick noch blieb er sitzen, wartete, bis der Kopf etwas klarer war. Dann stand er auf, ging ins Schlafzimmer und begann sich auszuziehen.

Er war sein Leben lang früh aufgestanden. Anfangs aus Notwendigkeit, später aus Gewohnheit. Unter der Woche fing er beizeiten an zu arbeiten, und am Wochenende gab es keinen Grund, es anders zu halten. Er brauchte schon seit Jahren keinen Wecker mehr. Sein Körper hatte sich eingerichtet. Kurz vor der Zeit schlug er von ganz allein die Augen auf. So auch an diesem Samstagmorgen. Und das, obwohl er noch keine drei Stunden zuvor Sofa gegen Bett eingetauscht hatte. Er wusch sich mit einem Waschlappen, wie er es als kleines Kind gelernt hatte. Zweimal die Woche duschte er, und hin und wieder gönnte er sich ein richtiges Bad. Er rasierte sich, trug sein Haarwasser auf und ging zum Bäcker. Die Verkäuferin grüßte ihn, und er grüßte zurück. Er tat so, als müsste er für einen Augenblick überlegen, dann nahm er noch eine Zeitung mit. Als er auf die geschäftige Hauptstraße hinaustrat, blendete ihn die Sonne. Er war viel zu warm angezogen. Zuhause schaute er in den Briefkasten, obwohl er genau wusste, dass es für den Briefträger noch zu früh war. Er brühte sich zwei Tassen Schwarztee auf und warf die Zeitung unberührt in den Müll. Während des Frühstücks schaltete er das Radio an. Von seiner Seite des Tisches aus ließ es sich bequem erreichen.

Wenig später wählte er die Nummer eines Bekannten. Er ließ es lange klingeln. Vielleicht war der andere gerade im Keller oder kam gerade erst vom Einkaufen zurück. Aber nach zwei ganzen Minuten legte er auf. Da das Wetter viel zu schade war, um im Haus zu bleiben, wechselte er die Weste gegen ein Hemd und ging wieder nach draußen. Während er die Treppe hinunterging knobelte er mit sich selbst, welche Richtung er überhaupt einschlagen sollte.

Im Schatten des Sonnenschirms bestellte er sich einen Becher Eis. Er lutschte lange an jedem einzelnen Löffel, zerkaute die Waffel und blieb noch ein Weilchen mit geschlossenen Augen sitzen. Aber als er auf die Uhr schaute, waren kaum dreißig Minuten vergangen. Auf der Straße blickte er den Autos nach.

Ihm war, als mache sich der unruhige Schlaf der Nacht jetzt doch ein wenig bemerkbar, also beschloss er, sich eine Weile auf das Sofa zu legen. Er mochte diese leichte Schläfrigkeit und das permanente Gleiten zwischen bloßen Gedanken und kurzen Traumsequenzen. Dabei murmelte er halblaut vor sich hin und lachte lautstark. Früher war ihm das peinlich gewesen, jetzt nicht mehr. Als er sich entschloss, wieder aufzustehen, war es Nachmittag. Beim Aufrichten wischte er sich mit seinem Stofftaschentuch einen Schwall Spucke von der Backe. Er war wohl mit offenem Mund eingenickt. Und er hatte Appetit bekommen. Die Einkäufe, die er machte, reichten stets für mehrere Tage. Er brauchte pro Mahlzeit also nicht allzu kleinlich zu sein. In der Pfanne brutzelte er sich vier Eier und eine Scheibe Fleischkäse an. Nach dem Essen machte er sich sofort an den Abwasch. Ein Teller, eine Gabel, zwei Messer, die Pfanne und das Holzbrett, auf dem er Zwiebeln geschnitten hatte. Da er den Dampf und Geruch nach dem Kochen nicht mochte, riss er überall die Fenster auf und sorgte für Durchzug. Selbst im Schlafzimmer ging er um das Doppelbett herum und kippte eines der Fenster. Ihm fielen seine Kakteen ein und er kontrollierte deren Erde. Trocken und staubig fühlte sich das an, aber bei Kakteen war das schon richtig so, oder? Es hatte auch andere Pflanzen in der Wohnung gegeben, zu anderen Zeiten. Aber er konnte die Uhr nicht zurückdrehen. Aus praktischen Gründen waren Kakteen übrig geblieben. Unschlüssig übergoss er sie ein wenig mit Wasser. Er mochte die Spur der Tropfen auf den Stacheln und wie sich die Erde dunkel färbte. Hinterher gönnte er sich zur Belohnung noch ein kleines Glas Schnaps. Und dann noch eines. Kirchenglocken begannen, den frühen Abend einzuläuten, und er trat noch einmal vor das Haus, ging die Straßen hinunter, bis er zur Sportanlage kam. Er stellte sich an den Rand des Spielfelds und schaute den Amateuren beim Spielen zu. Jemand grüßte ihn, er nickte zurück, ließ seine Augen aber schnell wieder auf das Spielfeld zurückkehren. Andere grölten und schrieen den Spielern Kommentare zu. Unter den Männern galt der Schiedsrichter als unfähig. Zweimal wäre fast ein Tor gefallen, und ein Raunen ging durch die Zuschauer. Wirklich Chancen waren rar gesät. Doch letztendlich blieb das

Spiel unentschieden, ohne Tor. Noch bevor der Schlusspfiff dem Treiben ein klares Ende gesetzt hatte, machte er sich wieder auf den Heimweg. Er überlegte, ob er nicht schon schlafen gehen sollte, aber dafür war es eigentlich noch zu früh. In der Küche holte er sich ein Glas und eine Flasche Bier. Während der Schaum sich setzte, schaute er aus dem Fenster und machte sich Gedanken. Er blieb lange stehen, auch dann, als der Schaum längst ins sich zusammengefallen war. Er hatte Angst vor dem Sonntag. Im Fernsehen brachten sie einen Krimi.

Der nächste Tag kam, wie er noch immer gekommen war. Zuverlässig und rücksichtslos. Der Körper verlor an Bettschwere, das Bewusstsein kehrte zurück an die Oberfläche, passte sich dem Kopf an, in dem es gefangen blieb. Die Sonne war unerbittlich emporgestiegen, die Vögel sangen. Er wurde wach, und ehe er sich versah, war er auch schon aufgestanden und ins Bad gegangen. Er duschte kurz, um nicht zuviel Wasser zu verbrauchen. Hinterher wischte er mit dem Handtuch umsichtig die Wanne trocken, um Kalk und Schimmel keine Möglichkeit zu geben, sich in seinem Bad einzunisten. Er rasierte sich, trug sein Haarwasser auf und ging zum Bäcker, der seit einiger Zeit auch sonntags geöffnet hatte. Eine Verkäuferin grüßte ihn, und er grüßte zurück, bemühte sich aber, den Berührungen ihrer Blicke auszuweichen. Er tat so, als müsste er für einen Augenblick überlegen, dann nahm er noch eine Zeitung mit. Auf dem Rückweg setzte er sich auf eine Holzbank am Straßenrand. Er wühlte vorsichtig mit den Fingerspitzen im Mülleimer. Getränkedosen, eine Plastiktüte, eine Bananenschale und jede Menge Papiertaschentücher. Was er suchte, hätte er nicht zu sagen gewusst. Eine nichtssagende Angewohnheit, für die er sich früher noch geschämt hätte. Jetzt nicht mehr.

Er stopfte seine eigene Zeitung hinein und drückte sie so tief nach unten wie er nur konnte. Zu Hause schaute er in den Briefkasten, obwohl er wusste, dass sonntags keine Post ausgetragen wurde. Er brühte sich zwei Tassen Schwarztee auf und goss einen Schuss Rum dazu. Während des Frühstücks schaltete er das Radio an. Von seiner Seite des Tisches aus ließ es sich bequem erreichen. Der Abwasch danach war schnell erledigt. Ein Teller, ein Messer, eine Tasse. Er setzte sich im Wohnzimmer auf die Couch und weinte ein wenig still vor sich hin. Die Erde drehte sich weiter, Jahreszeiten kamen und gingen. Tage, Wochen, Monate verschwanden in einem schwarzen Loch.

Im Treppenhaus begegnete ihm ein Nachbar, das war aber auch ein Wetter, erst so kalt, jetzt so warm, aber schön, sehr schön. Eine Sünde, bei diesem Wetter zu Hause zu bleiben, ja, also wirklich, jetzt der Sommer endlich, wurde ja auch Zeit, ja, Zeit. Schön Tag noch.

Als er auf die Uhr blickte, war es gerade kurz nach elf. Im Keller betrachtete er sein Hab und Gut im Holzverschlag. Was machte er hier im Keller? Er wusste es nicht. Er stand vor seinem Holzverschlag und betrachtete sein Hab und Gut. Der Nachbar hatte ihn vollkommen durcheinander gebracht. So ein Wetter, also wirklich, jetzt der Sommer, endlich Zeit, ja, Zeit. So stand er vor dem Holzverschlag im Keller und betrachtete sein Hab und Gut. Das machte er hier unten im Keller. Wenn ihn jemand gefragt hätte, was, bitteschön, machen Sie denn hier unten im Keller, ja dann, so ein Wetter, wäre die Antwort, ich betrachte mein Hab und Gut im Holzverschlag, durchaus, ja, jetzt Sommer, eine Antwort gewesen, die er vor sich, so ein Wetter, so eine Welt, hätte gelten lassen können, Sünde. Endlich Sommer, ja, jetzt, und draußen auf den Straßen waren alle unterwegs, jetzt Sünde, ja, endlich, bei diesem Wetter. Und in der Fußgängerzone laufen sie und lachen sie und reden sie und planen sie, was sie kaufen werden und zu tun gedenken und wie sie leben wollen, wie viel Wünsche in Erfüllung gehen werden und wie braun sie werden könnten. Und der Schatten war rar bei diesem, also wirklich, ja, jetzt, Wetter, und es war heiß, endlich, so heiß, dass alles klebte und schwitzte und stank, endlich. Und er dachte an sein Hab und Gut im Holzverschlag im Keller, und dann dachte er sich die Treppen hinauf durchs Treppenhaus, Stufe um Stufe vorbei, ja, Wetter, an der Stufe vorbei, auf welcher ihm sein Nachbar begegnet war, also wirklich Sommer, und ihn ganz durcheinander, Sommer, Sommer, Sommer, gebracht hatte. Er dachte und ging in Gedanken in seine Wohnung zurück, und wusste nicht, wo ihm der Kopf stand, während er weiter die Fußgängerzone entlangspazierte bei diesem sagenhaften Wetter. Überall Straßenmusiker, alle zwanzig Meter ein neuer, toll, ja, jetzt, endlich, hinein in seine Wohnung, und schaute um sich und suchte nach Sicherheit. Denn hier draußen spielten sie das gleiche Lied, dieselbe Melodie, den immer gleichen Ton. Als wäre die ganze Welt bei diesem einen Ton stehen geblieben. Diese Hitze, diese Musik, dieses Feeling und auf der Terrasse tranken sie Barcardi und hatten den immer gleichen Rausch. Auch in seinem Kopf rauschte es. Abwassergedanken rutschten den Hals hinunter und verschwanden mit diesem flauen Gefühl im Magen und dann hatte er die Fußgängerzone hinter sich gelassen und setzte sich auf eine Bank, und es wurde ruhiger.

Der Nachbar hatte ja Recht gehabt. Es war lange genug ungemütlich und kalt gewesen. Und der nächste Winter kam so sicher wie der nächste Tag oder das nächste Wochenende. Darin lag ja das beruhigende und das beunruhigende in gleichem Maß. Es änderte sich ja überhaupt nichts. Es ging einfach immer so weiter. Mit oder ohne ihn. Er schloss seine Augen und schaute den schwarzen Flecken hinter seinen Augenlidern zu, die sich flink bewegten und Schattenfiguren ähnelten. Er mochte diese gleiche Schläfrigkeit und das permanente Gleiten zwischen bloßen Gedanken und kurzen Traumsequenzen. Irgendwann, viel später, saß er noch immer mit geschlossenen Augen da, und jemand fragte ihn nach der Uhrzeit. Er spürte die Unruhe in sich aufsteigen, dieses Drängen des anderen, die Anforderung lag physisch in der Luft. Er konnte spüren, wie der andere in stiller Erwartung einer Antwort ausharrte. Aber er öffnete die Augen nicht. Er stellte sich nicht etwa schlafend. Sein Gesicht war in Bewegung geraten, aber die Augen zu öffnen war zuviel verlangt. Das ging momentan über seine Kräfte. Er musste die empfindliche Seite in sich schützen. Da war wieder dieser Druck auf seiner Brust, er konnte dieses Gewicht auf seinen Schultern spüren, das ihm durch die Gegenwart des anderen auferlegt wurde. Er sollte etwas sagen, den Mund aufmachen, eine Reaktion zeigen. Das brachte ihn durcheinander und machte ihn unsicher, genau wie vorhin der Nachbar, der so plötzlich aufgetaucht war. Er hatte schon so lange nicht mehr in konkreter Wirklichkeit gesprochen, dass ihm jedes Gespür dafür abhanden gekommen war. Dann war der Sprecher weg, und die Antwort blieb Schuldigkeit.

Jetzt konnte er die Augen öffnen und schaute den Wolken am Himmel zu. In ständig wandelnder Form zogen sie vorüber wie eine Karawane. Dieser ewig blaue Hintergrund war nichts weiter als Wüste. Er selbst fühle sich darin als Halluzination gespiegelt. Das Leben war an ihm vorbeigezogen. Man hatte ihn zurückgelassen.

Es war tatsächlich Abend geworden. Er machte sich auf den Rückweg. Morgen würde wieder ein Tag sein. Aufgaben warteten auf ihre Erledigung. Probleme auf ihre Lösungen. Es gab den Vormittag, die Mittagspause, den Nachmittag, so wie es den Morgen und den Feierabend gab. Es würde den Abend und die Nacht geben und dann noch einen Tag. Mit jedem Stück Morgen das auftauchte, verging ein weiteres Stück Gestern. Er sagte »damals«, so wie er »später einmal« sagte und meinte damit doch immer nur ein Nichts. Er war umgeben von nichts. Wie ein Spaziergang in dichtem Nebel. Er schaute sich um, aber da war nichts. Und trotzdem ging er weiter. Er würde sich nicht aufhalten lassen. Er ging nach Hause und immer weiter in diese Richtung, und als er an dem Haus angekommen war, dass er seit Jahrzehnten bewohnt hatte, schaute er zu den Fenstern hoch. Das waren nicht seine Fenster, das war nicht sein Haus. Er las die Namen auf den Klingelschildern. Er lachte. Das waren nicht seine Namen, und er steckte den Schlüssel ins Schloss. Der Schlüssel passte, aber das bewies ja überhaupt nichts. Es bewies nur, dass der Schlüssel die Tür öffnen konnte. Es war nicht sein Schlüssel. Er lachte wieder und ließ die Tür weit offen stehen und den Schlüssel stecken und ging einfach weiter die Straße entlang. Er sprach halblaut mit sich selbst. Das Gemurmel eines alten Mannes. Er war jetzt ganz losgelöst von allem. Frei und verloren. Ihn erfüllte nur eine einzige Gewissheit: Er existierte, und bald schon würde es Nacht sein, ja, Nacht.

Löschpapier

Die Zeit des Untoten begann mit der Schlaflosigkeit. Ein dunkles Ahnen legte sich über meine Lungenflügel. Ich atmete und fühlte mich wie jemand, der mitten auf dem See in seinem kleinen Ruderboot steht und eine feine Erschütterung spürt, ohne die Ursache zu kennen. Das Auge nimmt in wenigen Metern Entfernung die Bewegung einer großen, dunklen Fläche unter Wasser wahr. Ich glich einem Kaktus, der sich nach außen hin immer noch mit jeder einzelnen Stachelspitze verteidigt, von innen aber langsam austrocknet und stirbt. Berührt ihn eine sachte Fingerkuppe, fällt er in sich zusammen. Ich glich einem Stück Brot, das längst hart geworden, erste Schimmelspuren zeigt und schließlich innerlich durchdrungen und zerfressen aufquillt und Blasen wirft. Wie ein mundvoll blutiger Auswurf, gespuckt auf Löschpapier, so fühlte sich mein Leben an. Von Tag zu Tag, von Stunde zu Stunde. Es herrschte das Gefühl vor, als hätte jemand den Stecker zur Stromversorgung des Gehirns herausgezogen. Leblos und leer, ohne jedoch wirklich ganz tot zu sein. Ganz egal welchen Ratschlag ich befolgte, Linderung wollte sich nicht einstellen. Die Annahme, nach zwei durchwachten Nächten schlafe es sich in der dritten besser, erwies sich als falsch. Keine körperliche Überanstrengung, kein fettiges Essen, keine Flasche Rotwein, kein stundenlanges fernsehen halfen in irgendeiner Weise. Schließlich trat ich den Gang zum Arzt an mit der Bitte um eine große Packung Schlaftabletten auf den Lippen. Aber ein Blick in mein Gesicht, und das Rezept auf dem Tisch blieb ohne Unterschrift. Stattdessen folgte die Empfehlung, einen Kollegen zu besuchen, sich auf die Couch zu legen und lange Gespräche zu führen. Was also tun? Ich fing an, spazieren zu gehen, rastlos, eine Schritt vor den anderen setzend, stundenlang spazieren, zu jeder Tages- und Nachtzeit. Und das waren meine Wege durch die Straßen der Stadt: Durch die Schluchten der Mietskasernen, über Brücken und die Gleise, entlang der Banken und Hotels, durch die Tunnel, die Unterführungen, voran, immer voran. Durch die Schwärme der Passanten, gegen den Strom, gegen den Wind, gegen die Zeit, weiter.

Es muss Mitte Oktober gewesen sein als ich in ein neues Stadium eintrat und die Sucht mich in ihre Obhut nahm. Der Herbst stand im Zenit seiner Entfaltung. An allen Ecken und Enden hatten sich die Blätter nicht nur verfärbt, sondern begannen, in immer größerer Anzahl einfach abzufallen. Der Winter kündigte sich mit großen Schritten an. Es wurde zunehmend kühler und kalt, auch wenn es noch nicht fror. Ich durchstreifte die Vorstadtgegenden und die Randgebiete. Wenn ich nachts die Türen meiner Wohnung hinter mir schloss, war ich meist derart erschöpft, dass mir ein paar bewusstlose Stunden vergönnt waren. In letzter Zeit war ich häufig in Waldgebieten unterwegs, hatte mir fast schon so etwas wie bevorzugte Strecken zurechtgelegt und lief mir die Schuhsolen auf Dreckpfaden ab. Die Dunkelheit setzte immer früher ein, und ich war überrascht, wie dunkel ein Wald wirklich sein konnte, wenn es weit und breit keine Laterne gab und der Mond, von Wolken und Dunst verhangen, keine Hilfe bot. Manchmal verlor ich jedes Zeitgefühl. So auch an jenem Tag, als ich in zunehmender Dämmerung auf einem Hochsitz im Unterholz saß. Von Menschen keine Spur. Die Hundebesitzer und durchschnittlichen Spaziergänger hatten sich längst zurückgezogen. Ich saß da und wartete. Wartete auf die vollkommene Nacht. Außerdem, dachte ich mir, wenn ein Förster hier seinen Hochsitz hatte, um seiner Arbeit nachzugehen, warum sollte es nicht auch mir vergönnt sein, ein paar Wildschweine oder Füchse zu sehen? Es war nahezu still. Wenn Geräusche auftauchten, konnte ich sie nicht zuordnen. Zu fremd war mir diese Umgebung. Ich konnte mich selbst nur als geduldeten Gast begreifen. Es knackte irgendwo, dann schien sich irgendetwas zu bewegen, was sich aber stets als Täuschung herausstellte. Etwas flatterte in nächster Nähe umher, ohne dass sich erkennen ließ, was es war. Ein Nachtvogel schrie monoton. Einem über mir verhängten Bann gleich lauschte ich wie hypnotisiert. Dabei musste ich eingenickt sein. Als ich wieder zu mir kam, stand ein diesiger Mond silbergrau am Himmel. Es war frostig und feucht. Am Rande der Holzbrüstung webte eine dicke Spinne an ihrem Netz. Leicht benommen schaute ich ihr eine Weile zu. Mir war nicht gut, das Schlucken fiel mir schwer, und mein Mantel klebte mir am Leib als wolle er mich ersticken. Ich hatte hier nichts mehr verloren. Kurz entschlossen wollte ich mich an den Abstieg machen als mich gleichmäßige Geräusche aufhorchen ließen. Sollte es mir doch noch vergönnt sein, ein paar scheue Rehe zu Gesicht zu bekommen? Obwohl es unsinnig war, bemühte ich mich flach und leise zu atmen. Konzentriert hörte ich in die Nacht hinein. Das Geräusch kam zweifellos näher. Vorsichtig schaute ich über den Rand des Hochsitzes, doch es war nichts zu sehen, was die Geräusche verursacht haben konnte. Die Stämme standen dunkel und stumm wie zuvor. Etwas keuchte, das Knacken brechender Zweige im Unterholz nahm zu. Irgendwo musste es sich bewegen. Als ob mein Leben davon abhing, stierte ich in das schwarz. Ich wagte nicht aufzustehen, sondern blieb sitzen und starrte und starrte. Dann glaubte ich etwas erkennen zu können. Die Täuschung lag in der Entfernung. Die Geräusche beschworen den Eindruck der Nähe hervor, aber die dunkle Masse, die ich sah, war ziemlich weit weg. Gerade noch im Sichtfeld, um überhaupt die Veränderung der Form wahrzunehmen. Aber zu weit, um genaueres bestimmen zu können. Angespannt blieb ich sitzen und versuchte, die Situation zu verstehen.

Der nächste Tag brachte eine milde Sonne und einen strahlend blauen Himmel. Auf den Wiesen vor der Stadt ließen Kinder ihre Drachen steigen. Ein paar Spaziergänger blieben am Rand stehen, hoben eine Hand schützend über die Augen und schauten hinauf. Jemand sagte: »Das ist schön, wie elegant die Drachen in der kräftigen Strömung gleiten.«

»Nein«, widersprach ein anderer, »der scharfe Wind stößt und treibt sie wie Plunder vor sich her.«

Am späten Nachmittag kehrte ich in den Wald der vorigen Nacht zurück. Wieder ließ ich die feinschottrigen Hauptwege hinter mir und schlug mich auf lehmigen Trampelpfaden bis zum Hochsitz vor. Mit dem Aufstieg stellte sich auch das Gefühl der letzten Nacht wieder ein. Ewigkeiten lang, wie mir schien, hatte ich weiter auf die Geräusche gehört. Sie behielten eine gewisse Gleichmäßigkeit bei, blieben in steter Distanz, ohne sich zu nähern oder zu entfernen. Ich hatte mich erst an den Abstieg gewagt, nachdem eine weitere Stunde vergangen sein musste, ohne dass ich auch nur einen Laut gehört hatte. Jetzt schaute ich um mich und versuchte, den genauen Punkt festzumachen, an dem ich gestern die Bewegungen registriert hatte. Ich wollte herausfinden, ob ich nicht irgendwelche Spuren entdecken konnte. In mir nagte etwas ungewisses, das ich gerne gestillt haben wollte. Mit Papiertaschentüchern markierte ich einen Ausgangspunkt und fing an, mich durch das Gestrüpp zu schlagen. Mit beiden Armen weit von mir gestreckt, erzwang ich mir einen Durchgang gegen den Widerstand des Waldes. Zweige schlugen mir ins Gesicht oder zerrten an meiner Kleidung. Bald hatte ich mir die Hände aufgerissen und allerlei Grünzeug im Haar. Was trieb mich dazu, einen mühsamen Schritt vor den anderen zu setzen? Was lag mir überhaupt an lehmigen Hufabdrücken von voriger Nacht? Wie ein Blinder versuchte ich, die Nadel im Heuhaufen zu finden, wobei ich mir nicht einmal sicher sein konnte, dass diese Nadel überhaupt existierte. Erschwerend kam hinzu, dass ich nicht wirklich systematisch vorgehen oder dauerhaft eine Richtung einhalten konnte. Offensichtlich war es unsinnig, was ich hier machte, und irgendwann kam der Moment, an dem ich über mich selbst lachen konnte. Ich gab auf. Bei dem Versuch, auf kürzestem Weg zum Hochsitz zurückzukehren, sah ich deutliche Abdrücke im Boden. Es waren Fußspuren, und ich ging davon aus, dass sie von mir stammten, als ich etwas orientierungslos im Kreis gelaufen war. Aber sie waren nicht von mir. Die Schuhe waren größer und hatten sich deutlich tiefer in den weichen Waldboden gedrückt. Ich folgte den Abdrücken und entdeckte immer wieder eine Art Schleifspur, bei der alle Nadeln und Blätter zur Seite gedrückt worden waren. In mir rastete etwas ein, und ein Bild tauchte vor meinen Augen auf. Was ich heute Nacht gehört hatte, war menschliches Keuchen gewesen. Genau wie ich hatte sich jemand mit seiner Last durch die Nacht geschlagen. Und die Ahnung wurde zur Gewissheit, als ich aufgewühlten Erdboden ausmachte. Furchen und Schollen zeichneten sich deutlich von der Umgebung ab. Ich fiel auf die Knie und begann zu graben. Ich grub mich in eine taube Besinnungslosigkeit, in einen Rausch. Die Fingernägel brachen mir ab, ich achtete nicht darauf. Ich wühlte im Dreck, bis meine Hände schmerzten, bis ich mir vor Anspannung die eigenen Lippen blutig gebissen hatte. Ich grub, bis mir eine Antwort ins Gesicht schlug: Mir entgegen starrte der angefressene Schädel eine Frauenleiche. Bläulich aufgequollene Haut, die Haare klebten wie strähniger Filz am Kopf. An der Kehle klaffende Schnittwunden und angetrocknete Flüssigkeiten. Der halboffene Mund, voll eingepresster Erde, wie Erbrochenes, das steckengeblieben war. Beide Augenlider wie weggerissen, ein Augapfel eingedrückt, schaute mich das andere Auge an. Es gibt Bilder, die sich nie wieder auslöschen lassen. Einmal erblickt, brennen sie sich unwiderruflich an eine Stelle im Gedächtnis fest, die sich gegen jedes Vergessen als resistent erweist. Bilder von blinder Zerstörungswut, von Grausamkeiten, die das eigene Vorstellungsvermögen übersteigen. Das Vertrauen in die Welt wird außer Kraft gesetzt. Ungefiltert überfluten sie uns mit der Wirkung von Säure: Krieg, Folter, Unfälle, Attentate, Selbstmorde. Der Anblick meines Fundes gehörte mit Sicherheit dazu. Dieses Bild war eine unsichtbare Tätowierung, ein Brandmal, das ich für den Rest meines Lebens mit mir herumzuschleppen hatte. Nie wieder würde ich sagen können: »Ich bin unschuldig.« Eigenhändig ausgegraben hatte ich alles in mich aufgesogen, was der Augenblick mir bot. Ich weiß nicht mehr, wie lange ich die Leiche betrachtete, aber irgendwann stand ich einfach auf und ging. Ich lief direkt nach Hause, ohne einen klaren Gedanken zu fassen, und schlief und schlief. Drei Ewigkeiten lang.

Die folgenden Tage tat ich das, was alle taten. Ich ging meiner Arbeit nach und verdiente mir den Lebensunterhalt. Ich erledigte meine Einkäufe und kümmerte mich um meinen kleinen Haushalt. Abends schaute ich Fernsehen und brachte den Müll nach unten. Es brauchte keine endlosen, ermüdenden Spaziergänge, um schlafen zu können. Im Gegenteil. Ich schlief wie ein Säugling. Morgens fühlte ich mich frisch und ausgeruht. Bereit für den Tag, der mich mit offenen Armen empfing. An meine Träume konnte ich mich nicht erinnern. Doch meine Gedanken wanderten immer wieder zurück an jene Stelle im Wald, die mich langsam, aber sicher zu verändern begann. Vor meinem inneren Auge sah ich die Kieswege, die immer kleiner und verlassener wurden bis schließlich nur noch Trampelpfade übrig blieben. Ich sah den Hochsitz, in der Nähe des Dickichts. Und ich sah mich selbst umherwandern zwischen den engen Baumstämmen und den starren Ästen. Durchgänge, die gewaltsam erzwungen werden wollten. Die Blätter an den Bäumen waren zu kleinen, toten Körpern geworden. Sie klebten in Massen an den Ästen und Zweigen. Kleine Leichen so weit das Auge blicken konnte. Sie zitterten im Wind, verloren jeden Halt und schwebten schließlich langsam herunter. Man hätte sich eine weiche Ruhestätte aus ihnen bauen können, um seinen Kopf darauf zu betten. Mein Kopf brauchte dringend Auszeit von diesem grellen Etwas, das sich Leben nannte. Erschrocken blickte ich mich im Zimmer um. Vor dem laufenden Fernseher einzuschlafen war mir noch nie passiert.

Tagsüber gab es keine Zweifel. Es war für mich selbstverständlich, zur Polizei zu gehen und den Fund zu melden. Doch ich verschob diesen Gang von einem Tag auf den anderen. Ich könnte nicht erklären, warum. Das Wort

»Morgen« genügte mir. »Morgen« war ein Versprechen für die Zukunft, das mich vergessen ließ, dass es keine Gewissheit gab. Für mich gab es immer nur ein »heute«, an das ich mich klammern konnte. Wenn ich auf mein Leben zurückblicke, verstehe ich nicht mehr, wie meine Entscheidungen zustande kamen. Im Rückblick scheint alles beliebig und zufällig. Es gibt keine Orientierungspunkte, keine Maßstäbe. Es ist ein einziges großes getrieben werden oder gleicht einem unsicheren Gleiten auf glattem Eis. Keine Notbremse, aber auch kein Ziel. Und so kehrte ich an den Ort des Geschehens zurück. Es war, als müsste ich mir einen letzten Beweis erbringen, dass sich alles tatsächlich so verhielt, wie ich es in meinem Kopf abgespeichert hatte. Ein Abgleichen von Traumbild und Wirklichkeit. Anschließend könnte ich mit Gewissheit vor das Gesetz treten, meinen Bericht erstatten und wäre frei. In meinem Kopf war es ein Leichtes. Die bloße Durchführung eines festen Entschlusses. Doch spätestens als ich die Kieswege betrat, merkte ich, dass das nicht stimme. Es war schwer und unangenehm, weil hier etwas größeres im Gange war als ich mit bloßem Verstand erfassen konnte. Und etwas anderes als ich mir einzugestehen bereit war. Am Hochsitz angekommen hielt ich inne. Schließlich stieg ich, anstatt meinen Weg weiterzuverfolgen, die feuchten Holzbalken der Leiter hinauf, stets darauf bedacht mir keinen Splitter unter die Haut zu treiben. Dort oben blieb ich sitzen wie ein Patient im Wartezimmer. Leer und hohl fühlte es sich an, unförmig und verschoben. Dann kam die Angst. Die Angst, keinen Grund benennen zu können für das, was ich hier eigentlich trieb. Angst mich selbst aus der Gemeinschaft der Menschen auszuschließen. Durch meine Taten, durch mein Wollen. Aber das konkrete Unwohlsein rührte von dem Widerspruch her, dem Leichnam noch einmal ins Gesicht blicken zu müssen, und andererseits von der irrationalen Furcht, dass der Leichnam verschwunden sein könnte. Es war *mein* Fund, *meine* Entdeckung, *mein* Erleben, *meine* Leiche. Als hätte man mich aus dem Wartezimmer gebeten, stieg ich wieder nach unten. Es half ja nichts. Es galt, sich der Diagnose zu stellen.

Ich fand die Leiche genau so wie ich sie verlassen hatte. Sie starrte mich mit ihren unglaublichen Augen an. Je nachdem aus welchem Winkel mein Blick sie traf, schien sich die Aussage, die darin lag, zu verändern. Die Welt wurde tiefer und die Botschaften komplexer. Diese Augen hoben mich empor und ließen mich schweben. Parallele Ebenen taten sich auf, die Bedeutung des Blickes verknüpfte sich mit immer neuen Bildern, die aus meinen eigenen dunklen Schichten auftauchten. Alles, was ich sah, schien zusammenzugehören, schien Bestandteil einer größeren Wahrheit, deren Sinn sich nach und nach entfaltete. Mir war, als ziehe es mich in den fremden Kopf hinein, als nähme ich in diesem Leichnam Platz. Dieser Blick war eine Brücke, ein Durchgang. Auf Knien rutschte ich über den feuchten Waldboden und konnte mich nicht an ihr satt sehen. Jedes Detail galt es in sich aufzunehmen. Wenn ich schon nicht vergessen konnte, wollte ich wenigstens die Ganzheit der Präsenz begreifen. Ich wollte alles. Die Angst war unsinnig gewesen. Das hier war meine Leiche. Sie gehörte mir ganz allein. Sie hatte hier auf mich gewartet. Ich begann zu graben, wollte sie in ihrer Vollkommenheit begreifen. Mit beiden Händen schürfte ich in die Tiefe. Schicht um Schicht, mühsam, die Hände starr vor Kälte und Dreck. Über und über mit Erde beschmiert setzte mir die Dunkelheit zu. Heute wollte kein Mond treuer Gefährte sein.

Den Oberkörper hatte ich bis zur Hüfte vollständig freigelegt, als mich das Fieber verließ. In einem klaren Moment kroch ich auf allen Vieren durch die tiefhängenden Zweige hindurch und aus dem Dickicht heraus. Mein Rücken und meine Arme schmerzten. Meine Kleidung, insbesondere die Hose, war dreckverkrustet. Jetzt erst bemerkte ich, wie durchgeschwitzt mein Hemd war. Ein säuerlicher Geruch ging von mir aus. Verwirrt stapfte ich durch den Wald. Begegnet ist mir niemand. In dieser Nacht schlief ich wieder ruhig, reglos und erschöpft.

Am folgenden Tag stand ich vor dem Garderobespiegel und versuchte mir selbst in die Augen zu schauen. Es sollte mir nicht gelingen. Ich suchte nach Worten, die sich einem Polizisten entgegentragen ließen, so dass man mich verstehen konnte, ohne mich zu verurteilen. Mein eigenes Gesicht wurde unscharf. Ich sah eine fleischige, rötliche Masse mit aufgesetztem Fell oder Pelz, die aus meinem Hemdkragen wucherte. Wie ein Tier. Eine Fehlgeburt vielleicht. Zwei kleine, schwarze Löcher zogen sich zusammen und weiteten sich wieder. Andernfalls wäre ich erstickt. Aber genaueres ließ sich nicht fixieren. Meine Augen begannen zu Tränen. Mir wurde klar, dass ich überhaupt nicht zur Polizei gehen würde. Im Gegenteil. Abends war ich schon wieder unterwegs zu besagter Stelle, doch diesmal war ich besser ausgerüstet. Ich trug eine kleine Handschaufel bei mir, eine starke Taschenlampe und etwas Stacheldraht. Damit wollte ich ein Schutzgitter gegen Tiere errichten. Außerdem würde mir der Draht in Zukunft bei der Orientierung helfen. Die Angst kam in mehreren Schüben hoch. Insbesondere beim Eintauchen in den Wald. Die Dunkelheit war beinahe vollkommen. Der November hatte begonnen, und die Tage verkürzten sich deutlich. Meine innere Verfassung schlug sich in körperlichen Symptomen nieder. Der Hals fühlte sich wund an, der Kopf wie in Watte gehüllt, ähnlich einer Erkältung im Anflug. Bei näherer Überlegung war das sogar sehr wahrscheinlich. Irgendwann wurde mir schlecht. Ich trat an den Rand und übergab mich ins Gebüsch. Aber an Umkehr war nicht zu denken. Selbst am Hochsitz hielt ich mich nicht auf, sondern ging zielstrebig, wenn auch auf schwachen Beinen, daran vorbei und näherte mich der Grube. Die Leiche lag unverändert. Erleichterung machte sich breit. Ich schaute sie mir ganz genau an. Der Zauber wirkte augenblicklich, die Zeit blieb einfach stehen. Das Haar klebte wie eine Schmutzschicht an ihrem Kopf. Die blanken Brüste standen steif in der Kälte. Die Witterung hatte lediglich ein paar feuchte Blätter über sie verstreut. Vorsichtig zog ich sie ab. »Morgen«, dachte ich mir, »bringst du Handschuhe mit.« Dieser Mund vor mir, dieser weit aufgerissene Mund, war gewaltsam zum Schweigen gebracht worden. Sie konnte nicht mehr schreien. Also musste ich zu flüstern beginnen, denn jemand musste aussprechen, was in den Schädeln kreiste. So begann ich zu weinen, die Tränen liefen mir in einem Strom an den Wangen herab, und ich grub immer weiter beim Strahl der Taschenlampe, die ich in den Mund zwischen die Zähne gesteckt hatte. Und von da ab schwiegen wir beide. Graben, weiter graben, ich hatte zu geben, während sie zu nehmen hatte. So verknüpften sich die Fäden, deren lose Enden wie rufend in ihrem Blick umherschwammen, zu einem Seil, an dem man sich führen lassen konnte. Und schließlich kam der Moment, an dem ich sie in ihrer vollen Größe freigelegt hatte. Ich fühlte mich wie ein Bergsteiger, der sich nach langer, mühsamer Kletterei übe die letzte Felskante zog. Auf der Hochebene stand ich nun, um die Aussicht zu betrachten. Um mich herum nichts als Abgrund. Ich war erschöpft und fühlte mich zugleich euphorisch befreit. Mehrmals umrundete ich die Frau und versuchte zu begreifen, was es denn hier eigentlich zu sehen gab. Nüchtern betrachtet nichts weiter als einen toten Körper. Aber das war es nicht allein. Hier musste es noch etwas anderes zu entdecken geben, was ich noch nicht verstanden hatte. Zu meiner Überraschung hatte man der Frau einen Ring an ihrem kleinen, rechten Finger gelassen. Kein besonderes Schmuckstück, kein Gegenstand von Wert. Letztendlich war dieser Ring das einzig unvergängliche an ihr. Und in diesem Sinn nahm ich den Ring an mich. Alles andere war bereits im Verfall begriffen, dessen war ich mir gewahr. Diese ewige Demütigung durch die Zeit. Eine Zeit, die ich nie verstanden hatte und die mir schon immer im Nacken gesessen hatte. Gegen die ich kämpfte wie gegen einen Schatten an der Wand, wie gegen einen unsichtbaren Gegner, von dem man immer nur Spuren findet, ihm aber niemals selbst begegnet. Die Zeit, die nicht nur tote Körper beherrschte, sondern auch lebende. Trotz der Kälte schlief ich neben der Leiche ein. Die Morgendämmerung hatte gerade eingesetzt, als ich mit starren Gliedern zu mir kam. Alles tat weh. Ich war bis auf die Knochen durchgefroren. Mit zunehmendem Tageslicht graute es mir vor mir selbst. Ich musste hier dringend weg. Von Euphorie war keine Spur mehr. Ich hatte keine Ziellinie überrannt, keinen Gipfel erklommen. Entgegen meiner nächtlichen Eindrücke war ich keineswegs an einem Endpunkt angekommen. In meinem Brustkorb war ein einziger Knoten. Ich fühlte mich wirr und elend. Die Leiche musste wieder vergraben werden. Aber nicht jetzt, nicht heute. Da draußen, außerhalb des Waldes, wartete ein anderes Leben auf mich mit all seinen Verpflichtungen, denen ich nachzukommen hatte. Meine Uhr zeigte kurz nach halb sieben. Ich nahm den Kampf auf.

Wie die meisten Kämpfe, so verlor ich auch diesen. Nicht unbedingt an jenem Tag oder an einem der folgenden, sondern langsam, schleichend mit jeder Stunde, die verging. Ich grub die Leiche in einer weiteren Nacht wieder ein. Ihr Zustand war in der Zwischenzeit nicht gerade ansehnlicher geworden. Es war inzwischen klar, dass es mit bloßem Zuschaufeln nicht getan war. Ich schlief hervorragend, aber mein Innenleben war von der Beschäftigung mit der Leiche abhängig geworden. Tag und Nacht kehrten meine Gedanken früher oder später zu ihr zurück. Ich träumte von ihr. Ich kritzelte geistesabwesend menschliche Gerippe auf Notizzettel, während ich bei der Arbeit am Telefon hing. In der Wohnung waren rund um die Uhr die Rollläden heruntergelassen. Ich saß stundenlang im Dunkeln und versuchte, einen klaren Gedanken zu fassen. Ich bekam es mit der Angst zu tun, nur eine falsche Bewegung könnte mir etwas über mich selbst verraten, was ich nie hatte wissen wollen. Und nur kurze Zeit später war ich erneut auf dem Weg, um die Leiche wieder auszugraben. Ich legte sie frei, ich schaufelte sie zu, ich legte sie frei, ich schaufelte sie zu, ich legte sie frei, nur um sie gleich darauf erneut zu beerdigen. Ich war süchtig nach diesem Prozess. Ich musste graben, graben, graben. Es war ein Ritual. Es war wie essen, trinken, atmen. Ich brauchte die Leiche, um weitermachen zu können. Und natürlich ergab sich, dass ich im Lauf der Zeit immer unvorsichtiger wurde. Überall waren meine Fußspuren im Boden. Ich war am helllichten Tag unterwegs mit meiner Schaufel und meinen dreckigen Klamotten. Immer wieder musste ich mich hinter Bäumen verstecken, wenn mir Passanten begegneten. Manche von ihnen kannten mich bereits vom Sehen und nickten mir im Vorübergehen zu. Es war besonders demütigend, wenn man mich hinter einem Baum entdeckte. Dabei sah ich selbst immer mehr aus wie ein Toter. Bleich, mit rotgeränderten Augen und innerlich zerfressen. Obwohl ich die Dosis steigerte, verflüchtigten sich die Wonnen des regenerierenden Schlafes immer mehr. Ich war nur noch am Graben, ohne Erleichterung, ohne Erfüllung, ohne Sinn.

Es kam wie es kommen musste. Der Jägerstand, von mir längst ignoriert und mit Missachtung gestraft, wurde hin und wieder tatsächlich genutzt. Wie ein Kaninchen war ich meinem Jäger und seinen Häschern direkt in die Falle gelaufen, und wie in Verbrecher wurde ich abgeführt. Doch ich bin mir keiner Schuld bewusst. Man fand den Ring der Leiche in meiner Wohnung, und überall auf ihrem Körper sind meine Fingerabdrücke. Ob mein Verhältnis zur Leiche ein anderes gewesen wäre, wenn es sich um eine männliche Person gehandelt hätte? Was ich mir vom wiederholten Aufsuchen des Ortes versprochen hätte? Ob mir nie in den Sinn gekommen sei, eine Grenze überschritten zu haben, die nach Rechenschaft verlange?

Alles ist Nebel.

Ich weiß nichts.

Unendlich müde möchte ich schlafen.

Schlafen.

Paranoia returns

»Jaaaaaaaahhhhhhhhhh!«

Die junge Frau mit den kurzen, schwarzen Haaren wand sich vor Lust. Mit weit gespreizten Beinen lag sie auf dem Küchentisch. Ihr Höschen baumelte um das linke Fußgelenk, nur von den schwarzen Lackstiefeln daran gehindert, vollends auf den Boden zu fallen. Sie zitterte am ganzen Leib wie von Fieber geschüttelt. Ihre Brüste mit den harten, rot-glühenden Nippeln schaukelten wild hin und her. Die Augen geschlossen, geradezu zusammengekniffen, den Mund zu einem stummen Schrei geöffnet, bewegte sie ihren Unterleib im Rhythmus der Malträtierung. Ihr Peiniger beugte sich über sie. Schweiß glänzte auf seiner trainierten Brust und auf seiner Stirn. Die Rückenmuskulatur arbeitete zu voller Zufriedenheit, mit gestählten Arschbacken zuckte er vor und zurück. Es schien harte Arbeit zu sein. Im Hintergrund brodelte ein Topf mit heißem Wasser auf der Herdplatte. Noch vor wenigen Minuten war die Frau dabei gewesen, einen Portion Spaghetti zu kochen, doch ihr Liebhaber hatte sie mit einem Ständer überrascht, und von da an beherrschte blanke Gier die Szenerie.

Er: »Oooh, jaaa, ja, ja.«

Sie: »Mmh, mmh, mmh.«

Er: »Oooh, jaaa, ja, ja.«

Sie: »Mmh, mmh, mmmmh.«

Ich hielt den Film an und drückte die Rückspultaste. Ich wollte gleichzeitig mit der Frau kommen, was genaues Timing erforderte. Der Höhepunkt kündigte sich durch lauter werdendes Stöhnen und ein bis zur Unkenntlichkeit verzerrtes Gesicht an. In der linken Hand die Fernbedienung, in der rechten meinen Schwanz, versuchte ich, die richtige Stelle zu erwischen.

Play.

Er: »Ooooh, jaaa, ja, ja.«

Sie: »Mmmh, mmh, mmh.«

Er: »Ooh, ooh, ja, ja.«

Sie: »Mmh, mmh, mmmhhhmmmhhhhh!!«

Scheiße, so eine Scheiße, die Frau kam schon. Ich wichste schneller. Gleich war ich auch so weit, das spürte ich ganz genau. Schneller, schneller. Die Szene war gleich vorbei. Ich wusste das, weil ich sie bereits zum fünften Mal anschaute. Die Nummer ging dem Ende entgegen. Mit einem lauten Aufschrei zog der kurzgeschorene Bodybuilder sein riesiges Gerät aus der triefend nassen Möse und entledigte sich seines flüssigen Erbgutes auf dem Bauch der jungen Frau, die wie ohnmächtig dalag. Es folgte eine Großaufnahme des Kochtopfs auf der Herdplatte. Das Wasser kochte über, und ich spritzte ab.

»Aaaaaaaahhhhh, verflucht!«

Nach ein paar Sekunden, in denen ich mich meiner postorgiastischen Depression überlassen hatte, erhob ich mich von der Bettkante und begutachtete die Sauerei, die ich auf dem Teppich hinterlassen hatte. Dicke Kleckser verunzierten das abgewetzte Polyacryl mit einem wilden Muster getrockneter Lust. Die frischen Flecken fügten sich nahtlos ins Gesamtbild. Der Teppich wurde langsam aber sicher ranzig. Mein Magen meldete sich mit einem lauten Knurren zu Wort. Ich kratzte mich am Arsch, ließ einen schmierigen Furz fahren und zog die Hosen hoch. Auf der Ablage neben dem Bett lag eine eingebeulte Schachtel Zigaretten vom Vortag. Fünf waren übrig geblieben. Mit der ersten Kippe des Tages im Mund setzte ich mich zurück aufs Bett. Ein kleiner Hustenanfall setzte ein wie jeden Morgen. Doch nach ein paar eisernen Zügen hatte er sich gelegt. Vorsichtig tastete ich das frische Tattoo auf meinem linken Oberarm ab. Es war nicht ganz so geworden, wie ich es haben wollte. Der schwarze Rabe wirkte nicht richtig bedrohlich, sondern irgendwie schwammig. Ich hoffte, dass sich das noch ausbessern ließ. Es klopfte plötzlich an die Tür. Gleich darauf drückte jemand die Klinke nach unten.

»Timo? Bist du noch immer da? Du sollst doch nicht abschließen.«

»Ja, Mutter.«

Ich zog entnervt die Augenbrauen nach oben, und in meinem Magen spürte ich das kurze Stechen tiefsitzender Wut. Ich wollte sobald wie möglich wieder ausziehen, aber meine Entlassung aus der Therapie lag noch keine fünf Wochen zurück. Wenn ich die volle finanzielle Unterstützung meiner Mutter und des Staates in Anspruch nehmen wollte, war es taktisch klüger, für ein Weilchen ein geordnetes, vorbildliches Heimspiel zu geben. Ich stand vom Bett auf und entriegelte die Tür. Meine Mutter kam herein. Ohne es zu merken trat sie mit dem linken Hausschuh in die frischen Spermaflecken.

»Gehst du heute nicht zur Schule? Es ist schon viertel nach neun.«

»Ich fühle mich nicht gut.«

»Junge, du musst dich in der Schule blicken lassen. Wenn es dir wirklich nicht gut geht, dann geh wenigstens zum Arzt.«

»Lass mich noch was frühstücken, dann verschwinde ich.«

»Du weißt, was wir ausgemacht hatten. Du ziehst das jetzt durch.«

»Ja, ich weiß doch.«

Ich folgte meiner Mutter in das kleine Wohnzimmer der gemeinsamen Dreizimmerwohnung. Auf dem Tisch stand noch eine Glaskanne mit Kaffee, Brotaufschnitt und Marmelade.

»Der Kaffee ist bestimmt kalt. Ich mache ihn dir im Topf warm.«

Das war so typisch für meine Mutter. Ich hätte gern frischen gehabt und keinen aufgewärmten, aber ich sagte nichts. Sie wäre sonst eingeschnappt gewesen, und mir lag nichts daran schlechte Stimmung heraufzubeschwören. Ganz egal wie alt man wurde, für die Eltern blieb man immer das Kind. Oder zumindest jemand, bei dem man sich dazu berufen fühlte den Lebenswandel fortwährend zu kommentieren. Die Enge der gemeinsamen Wohnung ging mir auf die Nerven. Meine Mutter wusste nichts von der Realität auf der Straße. Ihre Welt war der Fernseher und die Tratschtanten am Arbeitsplatz. Aber vielleicht war das sogar besser so.

Ich drückte die Zigarette aus und griff nach dem Brötchenmesser.

Die Jungs standen da, wo sie immer standen. Ich hatte sie bereits beim Vorüberfahren gesehen und den BMW etwas abseits geparkt. Am Treppenabgang zur S-Bahnunterführung begrüßte mich Mirco. Mirco war einer der wenigen, zu denen ich so etwas wie Vertrauen hatte. Wir waren auf der gleichen Wellenlänge. Zudem war Mirco noch klarer im Kopf als die meisten anderen in diesem Gewerbe.

»Na, Tagelöhner, ich hab was für dich.«

Er griff in die Innentasche seiner viel zu weiten Jacke und zog ein Handy hervor. »Kannst dein altes jetzt wegschmeißen.«

»Danke.« Ich schob das Ding ein. »Und wie sieht's aus?«

»War noch nicht viel los heute. Kommt bestimmt noch. Ich habe noch einen Fertigen übrig. Sollen wir kurz?«

»Klar.«

Wir gingen die Unterführung hinunter. Am Bahnsteig, zwischen den Passanten, standen zwei, drei bekannte Typen und unterhielten sich. Die vercheckten nur die harten Sachen, waren aber selbst in den Sog der Nadel geraten. Ihre Gesichter waren bleich bis gelb und ihre Körper nichts anderes als ausgemergelte Wegwerfartikel. Die Augen glichen jenen von Hunden oder manchmal auch schmelzenden Eiswürfeln. In nicht allzu fernen Tagen würden sie einfach verschwunden sein und nicht mehr auftauchen. Dafür standen irgendwo schon die nächsten bereit, um deren Platz einzunehmen. Es war ein Kommen und Gehen, ein Nehmen und Ausgenommen werden. Aber vor allem Dingen war es eine Sackgasse und nicht, wie mancher glaubte, ein Ruhepunkt an dem man sich einrichten konnte. Man konnte alles mögliche finden, aber Frieden von Dauer mit Sicherheit nicht. Wie im Casino waren die Gewinne von heute gleichzeitig die Verluste von morgen. Und das Gefühl, richtig zu fliegen, wollte sich erst einstellen, wenn man alle Bezugspunkte verloren hatte. Das Ende der Welt kam oft sehr plötzlich – nämlich in dem Moment, in dem man seine Augen nicht mehr aufbekam. Wir nickten den Jungs zu und kehrten auf der anderen Seite der Unterführung wieder zurück ans Tageslicht. Gleich hinter dem Eingang zum Stadtpark setzten wir uns auf eine Bank. Mirko zückte den Joint und zündete ihn an. Nach ein paar tiefen Zügen lehnte er sich zurück und reichte ihn an mich weiter. Unsere Unterhaltung war verstummt. Wir ließen das Gras auf uns wirken. Ich fummelte an meiner Unterlippe herum, weil ich das Gefühl hatte, ein Tabakkrümel wäre dort hängen geblieben. Ich dachte kurz an die Schule, musste aber feststellen, dass ich nicht die geringste Lust verspürte, mich dort blicken zu lassen. Mir fiel mein Tattoo ein und ich wollte es Mirco zeigen, blieb stattdessen aber sitzen ohne mich zu rühren. Das hatte Zeit. Nach einigen Minuten fing Mirco an, nervös mit dem Bein zu wippen. »Ich sollte mal wieder.«

»Okay. Ich gehe mir auch was holen.«

Mirco stand auf und verschwand in Richtung S-Bahn, während ich den Park durchquerte. Als ich an dem künstlich angelegten Teich vorüberkam, nahm ich die Karte aus meinem alten Handy, brach sie in zwei Teile und warf diese ins Wasser. Nach zwei Minuten stand ich auf der anderen Seite des Parks und näherte mich einem Behälter nahe dem Zaun. Darin enthalten war der Sand für den Streudienst. Bis zum nächsten Winter war es noch etwas hin. Das Schloss war lediglich eingesteckt, aber nicht verriegelt. Ich schaute mich kurz um, hob den Deckel an und vergrub die Hände im Sand. Auf dem Weg zurück zur S-Bahn befühlte ich die kleinen Plastikbeutel, die ich bei mir hatte. Besonders viel war es nicht. Aber sicher war sicher, ich konnte jederzeit Nachschub holen. Und für den Nachmittag sollte es reichen.

Der Tag verlief zäh. Die Leute waren unschlüssig, wie viel sie haben wollten. Die Polizei fuhr einen Tick zu oft vorbei und stierte aus dem Fenster, um wenigsten der Form halber nach dem rechten zu sehen. Es gab keine Razzia, aber die Unruhe lag in der Luft und steckte den üblichen Verdächtigen in den Knochen. Die Umsätze waren schlecht. Mirco und ich setzten uns öfter als gewöhnlich ab, um uns selbst Material zu gönnen, das eigentlich für den Verkauf gedacht war. In einer dieser Pausen klingelte plötzlich mein Telefon in der Jackentasche. Der große Unbekannte war am anderen Ende und erkundigte sich flüchtig nach dem Stand der Dinge. Ich konnte meine Unzufriedenheit nur schlecht verbergen, gab mich aber motiviert. Als hätte er es geahnt, wurde mir zu meiner Überraschung ein einmaliger Nebenjob angeboten. Höheres Risiko, mehr Gewinn.

»Fang!«

Ich sah das zugeschnürte Bündel durch die Dunkelheit auf mich zufliegen. Geschickt fing ich es mit beiden Händen auf und warf es an einen dritten weiter, der es schließlich in den Kastenwagen reichte, in dem die Säuglinge untergebracht wurden. Wir standen an der Rückseite der Kinderklinik, Alarmanlage gab es keine. Nur zwei Nachtschwestern, die vermutlich noch eine Weile in ihrem Dienstzimmer sitzen und Kaffee trinken würden, ehe sie zu ihrem stündlichen Rundgang aufbrechen mussten. Das Problem war nicht, die Ware zu besorgen, sondern bestand darin, sie fachgerecht und lebendig wieder loszuwerden. Ich wusste nicht, um wen es sich bei den Abnehmern handelte. Vielleicht ging es um Adoption, vielleicht um die Pharmaindustrie. Vielleicht auch schlimmeres. Ich war nur Helfershelfer und hatte nicht einmal genau gewusst, worauf ich mich einließ, als wir schon um die Ecke bogen und der Fahrer letzte Instruktionen gegeben hatte. Jetzt stand ich auf einer Wiese hinter einem Maschendrahtzaun, flach gegen die kalte Wand des Gebäudes gedrückt und wartete darauf, dass ein Kollege die Babys aus dem ersten Stock hinunterwarf. Fünf hatten wir bereits, mindestens acht sollten es werden. Ich fühlte mich nicht gut dabei. Man hatte den Kindern irgendwas in den Mund geschoben damit sie nicht schreien konnte. Ich wollte nicht hinsehen, wollte es nicht genauer wissen. So fing ich ein Bündel nach dem anderen, klapperte mit den Zähnen, obwohl es gar nicht kalt war und versuchte an nichts zu denken. Schließlich erschien der schwarz gekleidete und vermummte

Kollege wieder am Fenster im ersten Stock. Er schnürte sich den Glasschneider um und ließ sich an einem Seil herunter. Als seine Füße den Boden berührten und er sich vom Seil loshakte, konnte ich die Anspannung spüren, die wie eine Wolke über dem Mann hing. »Los, ab!« zischte er.

Wir kletterten über den Zaun und stiegen in den Transporter, der langsam anfuhr, um so wenig Geräusch wie möglich zu machen. Erst einen Häuserblock weiter ließ der Fahrer den Motor aufheulen. Die Rücklichter des Transporters verschwanden in der Nacht.

Man ließ mich an der Ecke raus und raste davon. Es war kurz nach zwei. Ich wusste nicht, wohin mit mir selbst. Ich war viel zu aufgewühlt, um einfach nach Hause zu gehen. So begann ich zunächst ziellos durch die Strassen zu laufen. Da mir sonst niemand einfiel, bei dem ich um diese Uhrzeit noch vorbeischauen konnte, versuchte ich, Mirco anzurufen und hatte Glück. Mirco war noch auf und lud mich zu sich ein.

In Mircos Wohnung stand die Luft. Dichte Rauchschwaden zogen durch das Wohnzimmer.

»Hey, wie war dein Job?«

Mirco stand im Unterhemd vor mir, seine goldene Halskette glitzerte im spärlichen Licht der abgedämpften, farbigen Deckenstrahler. Seine Haare standen wirr vom Kopf, sein Gesichtsausdruck war zerknittert.

Ich stand orientierungslos im Zimmer herum wie bestellt und nicht abgeholt. Im stummgeschalteten Fernseher lief ein Western. Männer mit Cowboyhüten saßen im Saloon um einen Tisch und spielten Karten.

»Oh, Mann. Ich bin total erledigt.«

»Kein Problem. Entspannt dich. Ich bringe dir was.«

Mirco verschwand in der Küche, während ich meine Jacke auszog, mich aufs Sofa fallen ließ und in den Fernseher starrte. Ich zog meine Nase nach oben. Es war mehr ein Reflex, denn ein echtes Bedürfnis. Schließlich stand ich wieder auf, ging ins Bad und ließ mir kaltes Wasser über das Gesicht laufen. Meine Augen brannten, eigentlich war ich hundemüde. Wahrscheinlich würde ich irgendwann bei Mirco auf der Couch einnicken. Aber das war okay. Als ich zurückkam war der Ton im Fernseher wieder laut geschaltet. Zwei Cowboys stiegen auf ihre Pferde und ritten einen Abhang hinunter.

»Ich will verdammt sein, wenn es nicht der war, den ich gesehen habe.«

»Bist du dir sicher?«

»So sicher, wie man sich nur sein kann, Gringo.«

Mirco kam aus der Küche und stellte Bier und einen gestopften Bong auf den Wohnzimmertisch. Bereits nach ein paar leichten Zügen fing ich fürchterlich an zu husten und nach Luft zu schnappen.

»Scheiße Mann, was ist das?«

»Kommt doch gut, oder?«

»Weiß nicht. Schmeckt komisch.«

»Probier es aus, lass dich tragen und du wirst fliegen.«

»Ich will nicht fliegen. Ich bin erst seit fünf Wochen aus der Therapie. Ich hab die Schnauze voll, verstehst du?«

»Klar. Rauch trotzdem weiter. Ist gutes Dope in Opium getränkt.«

»In Opium?«

»In Ordnung.«

»Was?«

Mirco sagte nicht mehr. Er blickte auf das Muster am Boden oder vielleicht auf seine Schuhspitzen. Ich nahm erneut ein paar Züge, und schließlich war ausser einem gelegentlichen blubbernden Geräusch von mir nichts mehr zu hören. Ich wollte nicht sprechen, ich wollte nicht denken. Breit sein war für den Moment eine gute Lösung.

Im Fernsehen gab es eine Werbeunterbrechung. Ein Jeep fuhr einen sandigen Abhang hinunter. Eine Stimme sprach: «Das soziale Verhalten dieser Gattung ist besonders ausgeprägt», und im Bild erschienen zwei weitere Autos, die mit dem ersten eine Reihe bildeten. Ich hörte in meinem Kopf den Cowboy fragen: *»Bist du sicher?«* Und eine andere Stimme antwortete ihm: *»Der Teufel soll mich holen, wenn es sich anders verhält.«*

Ich lachte leise. Als ich die Augen nach ein paar Sekunden wieder öffnete, lief plötzlich wieder der Western.

»Wenn die Eisenbahnstrecke nicht bis nächste Woche am Camp vorbeiführt, wird uns die staatliche Förderung entzogen.«

»Aber Sir, das ist unmöglich. Das werden die Indianer nicht zulassen.«

»Scheiß auf die Indianer. Suchen Sie nach einer Lösung.«

Ich begann nach einer Lösung zu suchen. *Ich werde sie einfach alle erschießen lassen,* dachte ich. *»Ich suche mir ein paar Männer, wir fahren zum Krankenhaus und erledigen die Sache auf unsere Art. Was danach mit ihnen geschieht, ist mir völlig egal.«*

»Scheiß auf die Babys, suchen Sie nach einer Lösung.«

»Ich suche ja. Ich strenge mich an«

»Wenn Sie Zicken machen, werden sie wieder in der Therapie untergebracht. Die staatliche Unterstützung wird Ihnen entzogen. Sie werden wieder zu Hause wohnen müssen.«

»Ich suche ja. Ich streng mich an. Scheiß auf die Babys. Sind mir völlig egal. Die kleinen, kranken Gesichter, diese winzigen Finger, und wie leicht die Körper waren. Da haben sie noch geatmet.«

»Ist alles okay bei dir?« Mircos Stimme brandete an mein Ohr, wie eine Welle, die am Strand verebbte. Ich blickte in Mircos Gesicht und sah eine leichte Besorgnis darin liegen. Aber in seinen Augen lag etwas, dass mich misstrauisch machte. Im nächsten Augenblick wusste ich, was es war. In Mircos Augen lauerte eine Verschlagenheit, die ich ihm insgeheim schon immer unterstellt hatte. Mirco war vielleicht besser als die anderen, die an der S-Bahn Station herumlungerten, aber das hieß noch lange nichts. Mirco war trotzdem ein verlogenes Aas. Ich wusste, dass er sein zum Verkauf bestimmtes Material auf eigene Rechnung mit allen möglichen Mitteln streckte. Er beschiss die Leute bei der Menge und beim Geld, wo er nur konnte. Er trieb sich im Umfeld von weitaus aggressiveren Typen herum, die jede Menge Dreck am Stecken hatten. Und sie taten Dinge, für die es keine Bewährung mehr gab und niemanden, der einem noch beistand, wenn es einen erwischte. Ich war einmal zufällig Zeuge geworden, als Mirco auf einen Typen einprügelte und ihn dann auf die Gleise warf. Ich erinnerte mich ganz klar daran, wie entsetzt ich innerlich gewesen war, als hätten die Schläge mich getroffen. Und diese wunde Stelle brach jetzt plötzlich wieder auf. Nein, in Mircos Innerem rumorte etwas, dass ich nicht verstehen konnte und das sich jetzt in diesem Blick widerspiegelte, mit dem er mich ansah. Wie hatte ich Mirco nur jemals Sympathie entgegenbringen können? Ich kannte ihn ja nicht einmal richtig. Auf einmal stieg in mir eine namenlose Angst empor. Ich hatte das Gefühl, in eine Falle geraten zu sein. Warum hatte mir Mirco das Handy geschenkt? Warum hatte der große Unbekannte nur mir den Job angeboten und nicht Mirco? Und in diesem Zeug, daß er mir zu rauchen gegeben hatte – woher wollte ich wissen, um was es sich dabei tatsächlich handelte? Mirco wusste doch ganz genau, dass ich psychische Probleme hatte. Warum bot er mir trotzdem davon an? Die Antwort fiel mir wie Schuppen von den Augen: Weil Mirco mich nie ernst genommen hat, weil er mich nicht respektierte, weil er versuchte, Einfluss über mich zu gewinnen und mir seinen Willen aufzuzwingen. Ich war mir ganz sicher, dass hier irgendwas gespielt wurde.

»Ist alles okay bei dir?«

Du willst doch bloß wissen, ob ich noch klar im Kopf bin oder ob du mich schon in der Hand hast. Du willst mich außer Gefecht setzen, weil du irgendwas mit mir vorhast. Ich nahm mich zusammen, bemühte mich um ein Grinsen und sagte: »Ja, alles okay.«

»Du siehst aber gar nicht gut aus.«

Ja, das hättest du gern, aber ich lass mir nichts einreden.

»Wenn du das Zeug nicht verträgst, lass lieber die Finger davon. Mich haut es selbst fast um.«

Lügner. Zuerst hältst du mir das Zeug unter die Nase und jetzt spielst du den Besorgten. Ich muss hier raus. Hier stimmt was nicht.

»Soll ich dir aus der Küche nicht doch lieber ein Glas Wasser holen?«

Er will mich allein lassen. In der Küche. In der Küche. Wahrscheinlich hat er da eine Knarre versteckt. Ich muss hier raus.

»Nein«, schrie ich. »Bleib hier, du gehst nicht in die Küche!«

»Hey. Ist ja gut. Ist ja gut.«

Er versucht mich zu beruhigen. Ich lass mich nicht verarschen. Nicht von dir. Ich muss meine Chancen abwägen hier raus zu kommen. Vielleicht brauchen seine miesen Freunde eine Alibileiche, die verkohlt in irgendeinem Kofferraum gefunden werden soll.

»Ich weiß, was du vorhast«, schrie ich. »Ich werde dich bei den Bullen verpfeifen. Das hast du glänzend eingefädelt, aber ich werde aussagen.«

Ich sprang auf und stieß dabei den Tisch um. Der Aschenbecher fiel krachend zu Boden, bei einem der Gläser lösten sich Splitter. Ich wankte zur Tür und versuchte sie aufzudrücken. *»Abgeschlossen!«*

Schließlich griff ich nach dem Springmesser in meiner Hosentasche, das ich für alle Fälle bei mir trug. Die Klinge schnellte mit einem scharfen Geräusch nach oben. Stumm drohend blieb ich vor der Tür stehen und starrte Mirco an.

»Du wirst mich hier rauslassen«, flüsterte ich. »Und zwar sofort.«

Mirco stand langsam auf und ging zum Telefon, das auf dem Fenstersims stand. Ohne mich aus den Augen zu lassen, wählte er eine Nummer. Es dauerte eine Ewigkeit, bis jemand ranging.

»Hi, ich bin's. Hör mal … was? Ja, prima, mir geht's auch gut … hör mal ich hab ein Problem. Timo ist bei mir und fängt an hier rumzuspinnen. Du musst ihn nach Hause bringen, hörst du? Ich selber schaff das nicht mehr. Ich brauche deine Hilfe. Komm vorbei, aber beeil dich, mach schnell.«

Ich zitterte am ganzen Leib. Mir wurde schwindelig.

Ich brauche deine Hilfe. Komm vorbei, aber mach schnell.

Mein Herz pumpte wie verrückt. *Mirco holte Verstärkung. Von wegen nach Hause bringen. Sie werden über mich herfallen. Gegen zwei habe ich in meinem jetzigen Zustand keine Chance.*

Mit einem lauten Schrei stürzte ich in Richtung Fenster. Das Messer hielt ich dabei hoch erhoben, als gelte es, einem Büffel die Kehle durchzuschneiden. Mirco ließ den Hörer fallen und trat mir mit dem Fuß in den Magen.

»Alter, die Tür ist offen!« schrie Mirco mich an. »Du musst ziehen, nicht drücken, du Penner.« Ich spürte noch einen kräftigen Schlag gegen den Kopf, dann wurde mir schwarz vor Augen.

Als ich wieder zu mir kam lag ich noch immer auf dem Boden in Mircos Wohnung. Meine Hände waren auf dem Rücken zusammengebunden worden. Mein Schädel schmerzte, und mir war hundeelend. Mirco lag auf der Couch und schlief, das Messer in der Hand. Als mir klar wurde, in welcher Situation ich mich befand, schoss eine kurze Panik in mir hoch. Ich versuchte, mich aufzurichten, schaffte es aber nicht. In mir zog sich alles zusammen. Schwer atmend blieb ich liegen, auf meiner Stirn bildete sich ein leichter Schweißfilm. Wie viel Zeit mochte inzwischen wohl vergangen sein? Ich zählte innerlich die Sekunden und schließlich wurden meine Gedanken etwas klarer, mein Herzschlag ruhiger. Die einzige Gefahr, der ich ausgesetzt war, lauerte in meinem eigenen Kopf. Die wenigen Menschen um mich herum hatten sich alle in Feinde verwandelt. Der Geschmack von Blut klebte an meinen salzigen Lippen. Unvermittelt schossen mir Tränen in die Augen, die stumm hervorquollen. Leben war eine Sache, tot sein eine andere. Aber das Existieren irgendwo dazwischen – das war die Hölle. Ich drehte mich auf den Rücken und schaute zum Fenster hinaus. Vom Boden aus konnte ich ein Stück vom Himmel sehen. Die Morgendämmerung hatte eingesetzt.

Partyfieber

Eigentlich hatte ich an jenem Abend schon was anderes vorgehabt, aber ich wollte niemanden enttäuschen. Konnte ich mich den Erwartungshaltungen anderer Leute doch so schlecht entziehen. So antwortete ich auf die Frage: »Du kommst doch, oder?« mit einem etwas gequälten: »Ja, klar.«

Kaum wieder zu Hause machte ich mich daran die Leute von meinem eigenen Fest auszuladen, das genau am gleichen Tag hätte stattfinden sollen.

»Aber es ist DEIN Geburtstag. Was zum Teufel ist passiert?«

»Ich bin woanders eingeladen worden.«

Das Essen vom Partyservice musste ich trotzdem bezahlen, auch der eigens von mir engagierte Alleinunterhalter mit Jonglierprogramm wollte eine Ausfallpauschale.

Da ich nicht genau wusste, um was für eine Art von Fest es sich handelte, und ich außer einem schlechten Freund niemanden kennen würde, entschied ich mich für eine hellgrüne Flickenjeans mit gelbem Sakko ohne Krawatte. Als Geschenk packte ich eine Dose Ravioli in Zeitungspapier. Ich dachte, das käme irgendwie locker. Außerdem könnte ich sie notfalls selbst essen. Die Wegbeschreibung war etwas vage: »Beim Lottoladen noch ein paar Häuser weiter und dann in den unbeleuchteten Hinterhof.« Jedenfalls konnten wir uns auf die Straße einigen, und auch der Lottoladen war eindeutig. Das Fest begann angeblich um 20.00 Uhr, also machte ich mich um 2.30 Uhr langsam, aber sicher auf den Weg. Ich war früh zu Bett gegangen und hatte mir dann einen Wecker gestellt, geduscht und gefrühstückt. Um in die richtige Stimmung zu kommen, löste ich eine Aspirintablette in einem Becher voller Rotwein auf. Organisation war alles. Den unbeleuchteten Hinterhof fand ich ohne Probleme. Die Haustür war angelehnt. Ein gesichtsloses Mietshaus mitten in der Stadt. Im Treppenhaus lauschte ich an jeder Tür. Es war nur an einer Musik zu vernehmen. Dort klingelte ich. Die Tür ging von Innen auf, ohne das sich jemand Bestimmtes zeigte. Ich räusperte mich, setzte mein Siegerlächeln auf und trat ein. Der Flur war schrill mit Girlanden und toten Fischen dekoriert, die man an einer Wäscheleine aufgehängt hatte. Junge Leute lungerten herum und rauchten offensichtlich Pot. Keiner beachtete mich groß und ich schaute mich erst einmal in Ruhe um. In der Küche war man damit beschäftigt, sich gegenseitig mit Kartoffelsalat zu bewerfen. Etwas unschlüssig schaute ich dem Treiben zu. Hatte ich mich dafür schick gemacht? Und was war mit den Ravioli? Ich wollte für mein geniales Geschenk geliebt werden, Aufmerksamkeit und Beifall bekommen. Stattdessen rempelte mich ein junger Typ an und schrie mir stark alkoholisiert ins Gesicht: »Lululu lululu lulululu!«

Im Wohnzimmer knutschte jeder mit jedem, was mir irgendwie peinlich war. Ich drückte an den Lichtschaltern herum und rief: »In der Küche gibt es Kartoffelsalat! Lululu lulululu.« Aus der Stereoanlage dröhnte deutschsprachiger Hip-Hop, oder mit anderen Worten, die langweiligste Musik der Welt. Ein junges Mädchen kam auf mich zu, zupfte mich am Ärmel und fragte: »Hallo. Ich bin Andrea. Ich kenne dich nicht. Hast du Lust mit mir rumzumachen, hihihi?«

»Das geht nicht.«

»Warum nicht, hihihihi?«

»Weil ich vermutlich doppelt so alt bin wie du und ich heute Geburtstag habe.«

Die anschließende Stille war mir höchst unangenehm und ich versuchte sie zu überbrücken in dem ich fragte: »Hast du vielleicht Lust auf Ravioli?«

»Arschloch! Hihihihi.«

Andrea kehrte zu ihren Freundinnen zurück. Sie zeigte vor allen anderen mit dem Finger auf mich und streckte mir die Zunge raus. Dann spielten sie weiter Flaschendrehen. In der Tat schaute ich mir in diesem Augenblick die anwesenden Leute etwas genauer an. Sie alle waren sehr jung, verdammt jung. Seltsam jung. Als ich auf dem Balkon stand begann es zu regnen. Ich schaute auf die Straße hinunter und sah meinen schlechten Freund vorbeitorkeln.

»He-ho, guter Mann. Wo soll es denn hingehen?«, rief ich hinunter.

»Was machst du denn da oben?«, rief er zurück.

Wieder unten auf der Straße, klärte er mich über den Sinn des Lebens auf. Erstens war ich seither auf der falschen Party gewesen, zweitens waren wir jetzt auf dem Weg zu einem geheimen Laden, weil der Wodka auf der richtigen Party ausgegangen war.

Auf der richtigen Party war alles ganz anders. Es waren viel weniger Leute da, und alle hatten in etwa mein Alter. Man begrüßte sich gegenseitig mit Handschlag und stellte sich mit Namen vor. Der Kartoffelsalat lag unberührt in der Schüssel. Falls die Unterhaltung ins Stocken kommen sollte, hatte ich da schon eine Idee.

Anlass für das Fest war eine anerkannte Professur in Philosophie mit Lehrauftrag an einer Universität in einem vom Bürgerkrieg zerrütteten Land irgendwo in Afrika. Was mich nervös machte, war der riesige Hund des Wohnungsbesitzers unter dem Küchentisch. Ein Geschöpf mit ausgeprägter Tierheimvergangenheit, das zwischen bedrohlich

Bellen oder Zubeißen, stets Zubeißen wählte. Ich war mir ganz sicher, der einzige der anwesenden Gäste zu sein, der im Laufe des Abends noch gebissen werden würde. »Je älter wir werden, desto dümmer werden wir oder aber je dümmer wir sind, um so älter werden wir«, dachte ich für mich, während mir mein schlechter Freund hinter dem Rücken der anderen seltsam zugestikulierte. Wir trafen uns auf der Toilette wieder, wo wir uns gemeinsam einschlossen. So verbrüdert, zogen wir zwei große Lines Koks vom Spülkasten. Die Langeweile blieb immer die gleiche, nur die Drogen wurden härter. Dann zog ich mir die Hosen runter und setzte mich auf die Schüssel. »Ähm, was machst du denn da?« fragte mich der Freund. »Na ja«, sagte ich. »Das ist unsere Tarnung, damit die anderen nicht merken, dass wir uns wegen Drogen zu zweit ins Klo eingeschlossen haben.« Der schlechte Freund schenkte mir einen skeptischen Blick, legte mir eine Hand auf die Stirn und meinte: »Jetzt mal den Ball flach halten. Du hast einfach nur ein wenig Partyfieber. Und trink nicht soviel.«

Zurück in der Küche, war es mir peinlich, die lautesten Gedanken von allen zu haben. Als ob meine Kopfstimme direkt über die Stereoanlage und die Lautsprecher übertragen wurde. *Wer sind eigentlich all die Leute? Was machen wir hier? Hups, bin ich da etwa gerade gestolpert? Halte dich ruhig mit beiden Armen an diesem Tischbein fest und kümmere dich nicht um die Blicke der anderen. Oh, hier wohnt der Hund.* Dann gab es einen Ruck, und mein Herz wurde so groß wie Europa. Der Hund schaute unter dem Tisch hervor und mir direkt in die Augen. Ich hatte ihn gern, ich mochte ihn. Wir tanzten ein wenig. Und wer mit dem Hund tanzt, der kann kein böser Mensch sein. Jemand aus der Runde fragte, ob ich Gras rauchen wollte. Ich sagte: »Nein, danke. Rauchen ist gesundheitsschädlich.« Erschöpft setzte ich mich wenig später auf einen Bierkasten in der Ecke. Ich hatte das Partyfieber. *Ha, ha, ha, ha, lebendig bleiben, lebendig bleiben.* So lauschte ich also den Unterhaltungen der anderen. Zeit für eine weitere Lektion in Sachen Bildungslücke.

»Historisch gesehen galt Rum als Getränk, das selbst den Teufel töten kann. Es stamme ursprünglich aus Jamaika und war 1655 von britischen Seefahrern Ihrer Majestät als beste aller Kriegsbeuten mit nach Europa gebracht worden. Piraten, Schmuggler und Sklavenhändler tranken dieses Zuckerrohrdestillat mit wahrer Leidenschaft. So kam es denn auch, dass statt der täglichen Gallone Bier, die pro Mann auf allen Schiffen damals zur Tagesordnung gehörte, nun ein halber Liter Rum pro Seebär veranschlagt wurde. Im Lauf der Jahrhunderte wurde Rum mit Wasser verdünnt und die Ration verringert. Trotzdem hielt sich diese Sitte noch bis etwa 1970.«

Das einzige was mir dazu einfiel, war die These: Der Tag, an dem ich im Lotto gewinne, wird der Tag sein, an dem mir ein Arzt Krebs diagnostiziert. Das ist das Gleichgewicht des Lebens. Statistisch starb inzwischen jeder zweite an irgendeiner Form von Krebs. Das ist einer von uns beiden. So sieht's aus. *Ha, ha, ha, ha, lebendig bleiben, lebendig bleiben.*

»Es gibt ein wunderbares, kaltes Erfrischungsgetränk aus Zitronensaft, leichtem Rum und vielen, bunten Früchten, den so genannten Planters Punch.«

»Erzähl weiter.«

»Ja, neben guter Laune und großem Durst braucht man vor allem 6cl braunen Rum, 3cl Limettensaft, 1cl Grenadinsirup, 6cl Orangensaft, sowie einen Teelöffel Zuckersirup. Zum Garnieren werden außerdem eine unbehandelte Orangenscheibe, eine frische Ananasscheibe und eine Maraschinokirsche benötigt. Das ganze mit viel Eis in den Tumbler und …«

»Gut, haben wir Rum da?«

»Nein, aber es gibt noch eine alkoholfreie Variation, wobei Tee, Zitronen- und Ananassaft …«

»Halt's Maul.«

Gegen später wollten die Frauen noch in eine Diskothek, um sich die Scheiße aus dem Leib zu tanzen. Die Männer stimmten dem Vorschlag zu, jedoch sollte zuerst ein selbstgebastelter Böller auf dem Balkon gezündet werden. Ein Überbleibsel, eine Hommage an Silvester. Nach einigem hin und her wurde das Ding wegen gewisser Bedenken doch lieber mit nach unten auf die Straße getragen. Zwei Leute schleppten ziemlich schwer an dem Kracher. Der Bastler hatte einen Fernzünder dabei, der ihm an einem Lederriemen locker um die Schulter baumelte. Wir legten den Kasten in eine große Mülltonne, stahlen uns davon bis um die nächste Ecke und grinsten uns gegenseitig in die fahlen, vom Neonlicht der Straßenlaternen beleuchteten Fratzen. Hey, waren wir nicht alle aus einem Holz geschnitzt? Wollten wir nicht alle einfach *lebendig bleiben, lebendig bleiben?* Jemand drückte den roten Knopf. Alle lauschten. Nichts passierte. Ich hatte den Eindruck, dass es wieder zu regnen begann. Tausend kleine Nadeln stachen in meine Haut. Dabei hielt ich mir ein Taschentuch vor die Nase. Lief mir der Rotz nicht literweise über das Gesicht? Tränten mir nicht die Augen? War mir etwa schlecht? Litt ich etwa an einer Alkoholallergie? Während wir durch die Straßen liefen, sah ich den Philosophen autistisch mit sich selbst beschäftigt. Ganz allein folgte er der vergnügten Gruppe im Abstand von einigen Metern. Er hatte ein Stück Brot in der Hand, das er konzentriert zwischen den Fingern knetete. Dabei murmelte er vor sich hin: »Dumm wie Brot, wer oder was, Subjekt, Objekt, Prädikat, das ist hier die Frage.«

Wie ich den Meister aller Klassen in sich selbst versunken mit einer Scheibe Brot sprechen sah, berührte mich seltsam. Ich halluzinierte alkoholgeschwängert, hatte den Eindruck, zwei Zentimeter über dem Boden zu schweben, fiel auf die Erde zurück. Auf eine schwarze Scheibe voll brennender Körper und dem Gestank verkohlten Fleisches. Ich blickte auf einen steinernen Mond, ein hässliches Etwas. Auf einen erloschenen Kometen, der früher einmal die Sonne gewesen sein musste und jetzt die Seele der Verstorbenen fressen wollte. Die ganze Welt erschien mir als Müllkippe voller Elektronikschrott, der noch immer glühte. Ich ließ mich auf die Knie sinken und atmete tief durch. Der Philosoph stolperte an mir vorbei. Ich schrie nach meinem schlechten Freund. Die Gruppe entfernte sich rasch. Um mich drehte sich alles und schließlich kotzte ich schubweise in den Rinnstein. Von irgendwo weit her glaubte ich die Brandung des Meers zu hören. Ich hatte das Partyfieber. Ich würde ganz einfach lebendig bleiben, lebendig bleiben. Die Wogen schlugen über mir zusammen, rissen mich, ließen mich auf dem Kamm der Welle surfen. Anschließend wischte ich mir den Mund mit einem Papiertaschentuch.

Am Eingang der Diskothek gab man uns zu verstehen, dass unsere kleine Ausflugsgesellschaft unerwünscht war. Man wollte uns nicht mitfeiern lassen. Der Hund tobte und bellte lautstark. Letztendlich war er der einzige, der sich eigenmächtig Zutritt in den Club verschaffte, indem er sich zwischen den Beinen der Türsteher hindurchzwängte und die Treppe hinabsprang. Aus dem Bauch des Vergnügungstempels ertönte einmal mehr deutschsprachige Hausmusik: »Respekt, Respekt! Respektier' meinen Stoffwechsel, trink meinen Durchfall …«

Aus Protest begannen wir übrigen all unser Geld, besonders die großen Scheine, auf einen Haufen zu werfen und anzuzünden. Vorübereilende Passanten wiesen uns freundlich darauf hin, dass dieses Unterfangen illegal sei. Geld durfte man sich verdienen und wieder ausgeben, aber letztendlich handelte es sich um Eigentum des Staates. Jemand rief: »Dann fahren wir halt woanders hin!« Es war zunächst unklar, ob er damit einen Club oder einen Staat meinte. Und wir alle verstummten, als es in einiger Entfernung, in Richtung Wohnhaus des Philosophen, eine riesige Detonation gab und kurz darauf die Feuerwehr und ein Krankenwagen vorbeirasten.

In der S-Bahn wimmelte es dann vor Jugendlichen, die bei McDonald's eingekauft hatten. Langsam wurde ich schläfrig und nickte immer wieder kurz weg. Irgendwann stellte ich fest, dass mich die anderen zurückgelassen hatten. Kein bekanntes Gesicht mehr weit und breit. Ein Blick auf die Uhr rief mir in Erinnerung, dass mein Geburtstag längst vorbei war. Hatte ich nicht eben noch das Partyfieber gehabt? Jetzt fühlte ich mich wie 137 Jahre. Was blieb, waren junge Menschen um mich herum, die fettige Pommes mit den Fingern aßen, Cola aus Plastikbechern schlürften und Käseburger aus Pappschachteln in sich hineinstopften. Ich öffnete meinen Hosenknopf, weil die Hose am Bauch so spannte und döste im Rhythmus der Bahngleise vor mich hin. Später dann kitzelte mich die Mittagssonne durch schmutzige Fenster hindurch zurück ins Leben. Der Waggon stand auf dem Abstellgleis. Auf meinen Knien fand ich leere Pappschachteln, unter meinen Achselhöhlen klebten Plastikbecher und Röhrchen steckten in meiner Nase und in meinen Ohren. Ich schloss die Augen und entschied, nicht länger an meine eigene Existenz zu glauben. Wenig später schüttelte ich den Müll von mir ab. Ich war noch immer da.

Trip

Es begann damit, dass ich beschloss, meinem Nachbarn einmal richtig die Meinung zu sagen. Er war erst vor kurzem eingezogen, brachte mich aber regelmäßig an den Rand des Nervenzusammenbruchs. Ein junger Typ von vielleicht 23 Jahren, der nichts anderes im Kopf hatte, als Parties zu feiern. Dagegen war ja gar nichts zu sagen. Aber mich nervte die gedankenlose Rücksichtslosigkeit, mit der er dabei zu Werke ging. Auch unter der Woche kam er nie vor drei Uhr morgens nach Hause. Das merkte ich immer daran, dass ich plötzlich durch laute Musik aus dem Schlaf gerissen wurde. Meiner Meinung nach musste es sich bei diesem Typen um einen Drogendealer handeln. Anders konnte ich mir seinen Lebenswandel jedenfalls nicht erklären. Es war im Besitz zweier neuwertiger Wagen, tiefergelegt und mit breiten Reifen. Sein Briefkasten zeigte keinen Namen. Die Rollläden seiner Wohnung blieben den ganzen Tag heruntergelassen. Es ging das Gerücht, er habe sie nicht gemietet, sondern kurzerhand gekauft und bar bezahlt. Er blickte einem nie in die Augen, trug aber stets ein feistes Grinsen im Gesicht. An irgendeinem Sonntag, nachts um halb zwei, war er eingezogen. Ständig ging meine Klingel, weil sich der Lichtschalter direkt neben meinem Namenschild befindet. Ein kurzer Blick durch den Türspion offenbarte ein gutes Dutzend Leute, das unter lautem Gelächter zahlreiche Kartons und ein paar wenige Möbel in den zweiten Stock hochschleppte und in der Wohnung gegenüber verschwand. Am nächsten Tag traf ich den neuen Nachbarn im Treppenhaus und wollte ihn auf die leeren Pizzakartons ansprechen, die ich vor meiner Tür gefunden hatte. Er ging einfach an mir vorbei und brüllte ein »Mahlzeit! Servus! Grüß Gott!« ins Treppenhaus. Irgendwie hatte ich den Eindruck, dass er mich nicht ganz ernst nahm. Auf das Klopfen und Klingeln der anderen Hausbewohner reagierte er, indem er die Musik einfach noch lauter stellte. So konnte er später guten Gewissens behaupten er habe von nichts gehört. Außerdem machte er sich unverhohlen über mein Bedürfnis lustig, den verschlossenen Zustand meiner Tür zu überprüfen. Immer wenn ich die Tür abgeschlossen hatte rüttelte ich noch ein paar Mal kräftig an Türknauf, um mich zu vergewissern, dass sie auch tatsächlich zu war. Dann machte ich mich daran, das Haus zu verlassen, aber kurz vor dem Erdgeschoss kehrte ich um und stieg die Treppen wieder hoch. Ich schloss meine Wohnungstür nochmals auf und wieder zu. Dabei kam ich mir selbst etwas lächerlich vor, aber ich konnte nicht anders. Ich musste sicher gehen, dass die Tür auch *wirklich* verschlossen war. Natürlich war alles in Ordnung. Trotzdem stützte ich mich sogar mit dem rechten Fuß an der Hauswand ab und rüttelte noch ein paar letzte Male am Messingknauf.

In jener besagten Nacht hatte ich seit zwei Stunden kein Auge mehr zugetan, während in der Wohnung gegenüber zum hundertsten Mal die gleiche Hitsingle in einer Endlosschleife abgespielt wurde. Irgendeine Schnulze, in der sich unter viel Gejaule darüber beschwert wurde, dass er sie nicht so liebte, wie sie ihn, dass das Leben kurz sei und sich ihre Eierstöcke anfühlten, als wäre ein Panzer darüber gefahren. Ich nahm den Sachverhalt zur Kenntnis, bis ich den Text auswendig zu Protokoll geben konnte. Dann platzte mir der Kragen. Barfuß, im Schlafanzug und mit wirr abstehenden Haaren hämmerte ich gegen die Tür des Nachbarn, die sich zu meiner Verwunderung plötzlich öffnete. Ich wurde unter lautem Gejohle freudig begrüßt. Das letzte, was ich hörte war: »Ja, so ist es richtig. Zieh es ihm voll über den Schädel!« Dann wurde es schwarz vor Augen. Als ich wieder zu mir kam, lag ich geknebelt und gefesselt auf dem Fußboden unter einem Tisch. Man hatte mir irgendwas in den Arsch geschoben. Ich tippte auf Sektkorken. Meine Hose war ganz nass und ich fragte mich …

An dieser Stelle klingelte das Telefon. Das Schreiben brach ab, meine Finger erstarrten in der Mitte des Satzes. Ich blickte vom Computerbildschirm auf. Wieder ertönte der sanft ansteigende Klingelton. Wer konnte das sein? Diese Art von Unterbrechung war mir verhasst, doch es war meine eigene Schuld, hatte ich doch vergessen, das Telefon auszustecken. Ich stand vom Schreibtisch auf, öffnete das Fenster und betrachtete den nächtlichen Garten. Es war eine angenehm ruhige Wohngegend. Von Nachbarn wie in meiner Geschichte war ich glücklicherweise verschont geblieben. Das Telefon klingelte weiter, holte mich zurück in die Realität des Augenblicks. Ich wollte jetzt nicht hier sein. Die Welt der Fiktion war mir im Moment bedeutend lieber. Das Glas mit der aufgelösten Ovidumtablette stand halbvoll neben dem Laptop. Ich rührte mit dem Löffel den Bodensatz auf und trank es mit einem großen Schluck leer. Das Telefon klingelte stur und unverdrossen weiter. Ich meldete mich ohne Namen, und am anderen Ende der Leitung erklang eine unsichere Mädchenstimme.

»Hallo, ist Annette da?«

»Annette? Äh, die ist kurz aus dem Haus, kommt aber gleich wieder.«

»Um die Zeit? Was macht die denn?«

»Hör mal«, sagte ich. »Glaubst du an Schicksal?«

»Was?«

»Ich meine, glaubst du an so etwas wie Vorsehung, oder ist alles im Leben blanker Zufall?«

»Wer ist denn da dran?« wollte sie wissen. Mir war plötzlich, als stünde ich mit dem Telefonhörer in der Hand auf einem kleinen, wackeligen Felsvorsprung und blickte in rabenschwarze Tiefe. Das Kabel des Telefons verschwand weiter unter mir in der Nacht. Die Verbindung brach ab, ich ließ den Hörer fallen. Gleichzeitig fiel er lautlos in die Tiefe und auf den Boden des Zimmers. Was passierte hier gerade? Die Frage stand im Raum. Ich blickte um mich. Irritiert. In mir war alles so unglaublich leer. Eine selten gekannte Traurigkeit umwehte mich wie Nebel. Halt suchend tastete ich mich voran. Stützte mich auf den Tisch. Aus dem Hörer am Boden ertönte ein gleichmäßiges Signal. Die kleine Lampe, der Stuhl, meine in die Ecke geworfenen Schuhe verströmten eine seltsame Verlorenheit. Aus ihrem Kontext gerissen, entwurzelt, bar jeder praktischen Nutzbarkeit wirkten sie wie Museumsgegenstände einer untergegangenen Zivilisation. Manchmal packten mich seltsame Stimmungen, aus denen ich mich nur schwer befreien konnte. Mir war nach Alkohol zumute. Ich machte mich auf den Weg zur Tankstelle. Allein durch die nächtliche Straße hetzend, erschien mir alles in ein absurdes Licht getaucht. Was mein Auge auch erblickte, war Teil einer kodierten Wirklichkeit, die sich nicht ohne weiteres verstehen ließ. Magnetisch wurde meine Aufmerksamkeit angezogen und prallte an der offenbarten Unsinnigkeit ab. Ich hielt Ausschau nach einem Ordnungssystem, nach einem Qualitätsmerkmal, das Zuverlässigkeit versprach. Absurd! Alles war total absurd! Die parkenden Autos, die Fenster in den Häusern, die Gartenzäune blieben in ihrer Bedeutung nicht greifbar, die Grenzen meiner Wirklichkeit fließend. In meinem Schädel wiederholte ich beschwörend die Worte: »Bleib dran, bleib dran, das geht gleich vorbei.« Doch mir war, als sei dieser Satz eine Erdnuss in meinem ansonsten leeren Kopf, und ich konnte hören und spüren, wie sie in den Innenwänden meines Totenschädels hin und herkullerte.

An der Tankstelle stand ein schwarzer BMW mit geöffneten Vordertüren. Aus dem Inneren blickte mir ein Typ feindselig entgegen. Basslastige Musik dröhnte. Eine Polizeistreife parkte neben der Waschanlage. Ich passierte die automatische Schiebetür, durchquerte den neongrellen Raum und blieb vor dem Kühlregal stehen. Das Muster auf dem Fußboden sprang mir buchstäblich ins Auge. Es bestand aus lauter kleinen, gleichmäßigen, hellgrauen Quadraten mit einer weißen Fuge. Mir schien das irgendwie bedeutungsvoll, aber ich hätte nicht sagen können, wieso. Die Botschaft schrie nach einer Übersetzung, entpackt und neu zusammengesetzt in einem anderen Universum. Ich hob meinen Arm, um nach der Bierdose zu greifen, konnte aber die Hand nicht ausstrecken. Ich konnte meine Finger nicht dazu bringen, eine dieser beschissenen Bierdosen zu umklammern. Hitzewallungen stiegen in mir auf. Es war nur eine Frage der Zeit, bis ich explodieren und den Verstand verlieren würde. Jemand ging hinter mir vorbei. Ich wurde versehentlich leicht angerempelt. Der Mann entschuldigte sich fahrlässig. Ich drehte den Kopf. Es handelte sich bei dem Mann um einen kleinen, schlecht rasierten Italiener um die fünfzig. Augenblicklich fragte ich mich, woher ich wissen wollte, dass der Mann Italiener sei. Meine Konzentration auf diesen Gedanken ging verloren, wie von selbst griffen meine Hände jetzt nach dem Bier. Der Angestellte hinter der Kasse hatte blondierte Haare, war solariumbraun und kaute Kaugummi. Er trug drei goldene Ohrringe, zwei links und einen rechts. Die Streifenpolizisten waren gerade im Begriff zu bezahlen. Der Mann hinter der Theke wünschte den beiden noch viel Spaß, womit er vermutlich die Nachtschicht meinte. Einer der beiden Polizisten nickte bloß. Aus den Augenwinkeln sah ich ein junges Pärchen, das vor einem Regal mit Lebensmitteln stand. Sie unterhielten sich über irgendetwas, dessen Sinn sich mir entzog. Ich hörte jeden einzelnen Ton von dem, was sie sprachen. Ich glaubte zu begreifen, dass sie sich in meiner Muttersprache unterhielten, aber das fehlende Glied in der Sinnkette meines Realitätstunnels verschwand in der Lücke zwischen zwei Hauswänden. Der Italiener vor mir war an der Reihe. Seine Rechnung betrug 10,40 Euro. Er legte einen Zwanzigerschein auf den gläsernen Wechselteller und ließ vier Zehncentmünzen hinterherprasseln. Ich war den Tränen nahe. Irgendwas stimmte hier doch nicht. Ich fragte mich, woher in diesem Raum eigentlich genau das Licht kam und blickte zur Decke, doch in meinen Pupillen verschwamm alles. Draußen fuhr der Streifenwagen vorbei. Ich schloss für einen Moment die Augen. Mir rannen jetzt Tränen über die Wangen. Mein Blick fiel auf eine Stange Zigaretten und ein Tittenmagazin. Wodka enthält keine Kohlensäure, fuhr es mir durch den Kopf. Der Italiener vor mir erhielt einen 10 Euro Schein zurück, den er in seiner Hosentasche verschwinden ließ. Ich trat einen Schritt näher. Der Typ hinter der Kasse starrte mir mitten ins Gesicht, auf meine Tränen, sagte aber keinen Ton. Für einen kurzen Moment hörte sein Unterkiefer auf, den Kaugummi zu bearbeiten. Ich stellte die beiden Dosen ab und zahlte. Wie genau ich aus der Tankstelle rausgekommen bin, weiß ich nicht mehr. Ich fand mich auf einem nahegelegenen Kinderspielplatz wieder, legte mich auf eine Bank und betrachtete den Nachthimmel. Unter meinem Rücken knirschten Reste von Sand. Leben ist feindlich.